동화를 쓰고 싶은 시간

동화를 쓰고 싶은 시간

푸른길

차례

프롤로그 _6

이마리 「역사야 놀자」#역사
  1. 동화에 눈뜨다 _13
  2. 아이디어의 원천 _19
  3. 영감을 지닌 시인 _23
  4. 동화작법의 진수 _28
  5. 등단 _33
  6. 동화에서의 금기 사항 _36
  7. 청소년 역사소설작가 지망생에게 _37

양지영 「동화의 독보적인 장르」#의인화
  1. 문학적 감수성이 발현되는 시기 _49
  2. 동화작가의 첫걸음 _52
  3. 아이디어를 구상하는 방식 _54
  4. 내가 썼던 이야기 _58
  5. 나는 독자와 이렇게 만났다 _61
  6. 슬럼프는 이런 방식으로 온다 _63
  7. 나는 작가가 된 후 어떤 변화가 있었을까 _67
  8. 동화가 처음인 그대에게 _70
  9. 앞으로 내가 쓰고 싶은 책에 대하여 _75

김현정 「텃밭에서 만난 이야기들」#판타지
  1. 나의 동화 입문기 _81
  2. 동화 쓰는 아이디어 원천 _83

3. 동화 작법 _86

4. 출간 후 독자와의 만남 에피소드 _91

5. 동화 쓰기를 위한 체력 비결 _95

6. 동화작가로 사는 삶의 변화 _97

7. 동화 쓰기 지망생에게 하고 싶은 말 _101

조미형 「바다 작가의 일상」#해양환경

1. 바다로 돌아가고 싶어 _107

2. 해양 모험 동화 『해오리 바다의 비밀』 _110

3. 바닷속에 들어가 봤어요? _114

4. 물을 무서워한다 _117

5. 글쓰기의 즐거움 _123

6. 기후 위기 시대 글쓰기 _127

7. 바다 도서관 _129

최현진 「동화 쓰는 생활」#생활동화

1. 나의 초보시절 _135

2. 아이디어 원천 _137

3. 나만의 동화작법 _140

4. 출간 후 어린이 독자와 만났다 _149

5. 나의 슬럼프 극복기 _150

6. 동화작가로 사는 삶 _152

7. 동화를 쓰고 싶은 지망생에게 건네는 말 _154

에필로그 _157

프롤로그

한 문장으로 누군가의 마음을 흔들고 싶다는 꿈을 꾼 적이 있는가? 기발하고도 재미난 이야기를 아이들에게 들려주고 싶어 펜을 들고 수차례 망설였을 당신! 이런 당신에게 "지금 당신이 품고 있는 이야기가, 세상에 단 하나뿐인 동화나 동시, 혹은 소설이 될 수 있습니다!"라고 큰 소리로 외치고 싶다.

이 책은 글쓰기 열차에 오를 당신을 위해 다섯 동화작가가 자신만의 방식으로 써 내려간 길 위의 보물찾기 지도이다. 동화는 어린이만을 위한 글이 아니다. 그것은 언젠가의 나를, 아니 지금의 나를 위로하는 가장 진정성 있는 이야기의 형식이기도 하다.
동화를 쓴다는 건 쉬운 일이 아니다. "이런 이야기를 써도 될까? 내가 과연 써나갈 수 있을까?"라며 많은 이들이 그런 질문 앞에서 주저하게 된다. 우리 작가들도 그랬다. 그러나 숲에서는 선녀나 트롤의 눈으로, 도시에서는 착한 할머니나 사악한 마녀의 눈으로 자기만의 글을 써나가면 멋진 세계의 설계자가 될 수 있다. 다섯 개의 목소리, 다섯 갈래 길에 선 우리는 모두 한마음으로 당신의 첫 문장을 응원한다.

이 책은 완벽한 작법서가 아니라, 5인이 제각기 한 사람의 작가로 성장하며 그 길 위에서 주운 작은 조각들을 당신과 함께 더듬어보는 살아있는 글 감각의 에세이이다. 이 에세이는 뭔가 가르치려는 책이 아니다. 각자 자기 방식으로 글 쓰기를 사랑한 사람들이 이렇게 솔직하게 써도 좋다고 용기를 내어 들려주는 유쾌하고 진솔한 고백서이다.

그런데 사람들은 글을 쓰기 시작할 때 너무 잘 쓰려고, 또는 너무 어른답게 쓰려다가 재미를 잃고 만다. 동화는 어렵지 않다고, 사실 은근히 매혹적인 작업이라고, 글쓰기 열차에 오르자마자 그 사실을 알게 될 거라고, 귀띔해주고 싶다. 호기심으로 가득한 빅뱅 이후의 공간을 넘나들며 신나게 쓴 이야기를 이곳에 생생하게 풀어놓는다.

최현진 작가의 생활동화 속의 따뜻하고 소소한 발견,

김현정 작가의 판타지동화의 경이로운 상상력과 추진력,
양지영 작가의 의인화동화에서 감정의 언어유희,
조미형 작가의 해양동화의 낯선 바닷속 모험,
이마리 작가의 역사동화에서 과거의 미로 찾기 등을.

이제 서로 다른 빛깔의 글 밭을 돌아볼 시간이다. 어떤 글을 어떻게 심고 가꾸었는지를 가늠하고 물과 비료를 주는 걸 잊지 않았으면 좋겠다, "이렇게 써도 좋았어!", "이건 나만의 방식이야!"라고 들려오는 진지한 대화 속에 자신의 몸과 마음을 담그어 무르익게 할 순간이 올 테니까.

글은 처음부터 잘 써야 하는 게 아니라고, 누구나 재밌게 쓰고 싶도록 밀어주는 거라고, 그것이 먼저 글쓰기를 시작한 이들의 역할이라고 다독여주고 싶다. 이제 글쓰기라는 단어에서 느껴지는 막연한 부담감은 잠시 접어두고 당신만이 쓸 수 있는 글을 써나가는 거다. 글쓰기 열차의 특실에 오른 당신을 격하게 환영하며 즐거운 여정을 빈다.

오늘도 열차는 달린다.

글쓰기 열차 특실 승무원
이마리

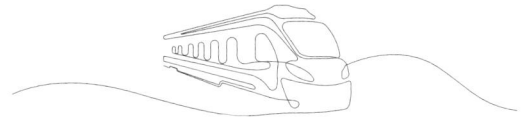

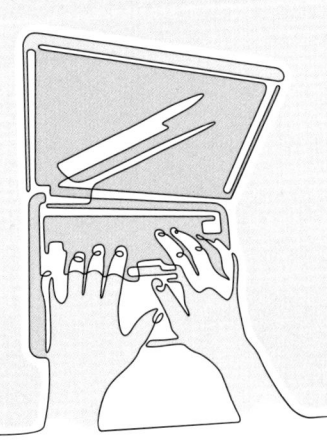

「역사야 놀자」

이마리

1. 동화에 눈 뜨다

우연은 운명처럼 다가와

우연은 필연이 되기도 한다. 운명처럼 그날을 만났고 필연으로 동화작가가 되었다. 언젠가의 호주 여행 마지막 날이었다. 브리즈번강을 내려다보고 서 있는 까만 유리의 성 같은 브리즈번 도서관이 나를 유혹했다. 이끌리듯 들어간 도서관 창가에 앉아서 내려다본 강은 시름을 멈춘 채 평화롭게 반짝였다. 너무 평온해 시간이 멈춘 듯 슬프기조차 했다.

시드니 여행 때 알게 된 호주 상상 속의 괴물 버니입에 계속 관심이 갔다. 버니입을 소재로 한 그림책 또한 흥미가 있었기에 귀

국하기 전 자료를 더 구해 보고 싶었다. 그 도서관의 사서에게 물었더니 10여 권의 버니입 관련 책을 안겨주었다. 사서는 외국인인 나에게 너무 친절했고 나는 금발머리 사서의 방부제 미소에 반하고 말았다. 그 때문에 버니입이라는 소재가 더욱 강렬하게 나를 사로잡았는지도 모른다.

한국에 돌아와서도 버니입에 대한 검색을 계속했다. 그러던 중 부산 평화공원을 방문하게 되었다. 이곳에는 한국전 참전용사의 UN군 묘소가 있는데 그곳에 정원을 휘돌아 가는 '돈트 수로'라는 작은 수로가 있다. 호주 출신 돈트는 한국전 참전 용사 중 최연소 소년병으로, 이 수로는 가평전투에서 사망한 그를 기리기 위해 조성된 물길이다. 애처로운 그 물길의 의미를 알게 된 순간 영감이 치솟아 『버니입 호주 원정대』를 쓰게 되었다. 가평전투에서 산화한 16살 소년은 얼마나 호주에 계신 어머니를 그리워했을까. 나는 어느새 소년병 돈트와 호주의 버니입을 연결해 이야기를 엮어가고 있었다.

미친 듯이 썼다. 밥 먹고 앉아서 글만 써 내려갔다. 난생처음 그렇게 몰두한 글쓰기 열정은 내 인생에 다시는 없을 듯하다. 남편은 밤새우는 내가 못마땅한 듯 경계하는 파수꾼이 되었다. 아니나 다를까 원고를 문학상 공모전에 발송하자마자 나는 결국 드러눕고 말았다. 부실한 몸으로 너무 무리한 탓이었던가 보다. 의사는 대상포진이라며 과로가 원인이라고 했다. 실명의 위험과

뇌 손상의 가능성이 있다며 당장 입원시켰다. 내 체력에 맞지 않는 오기를 부렸던 모양이다.

원고 발송을 하고도 주소는 제대로 썼는지, 연락처는 적었는지, 조마조마하다가 잊을 때쯤 되니 연락이 왔다. 『버니입 호주 원정대』가 한우리 문학상 대상에 당선되었다는 소식이었다. 당선을 상상도 하지 못했던 나는 당혹스러웠고 두려웠다. 나 때문에 탈락했을 능력자들이 떠올랐다. 오자투성이에 급조한 원고를 당선시켜 주다니 믿을 수 없는 일이 일어난 거다.

그 사건은 동화작가 등단=대상포진이라는 영광스러운 등식으로 나에게 남아 있다. 그 후 몇 년을 대상포진으로 아팠던 부위가 욱신거렸고, 그때 빠진 머리카락은 지금껏 회복이 덜 된 상태이다.

사실 아동문학은 분량이 길지 않고 소설보다 난해하지도 않다. 인기를 얻으면 성인문학보다 꾸준히 팔리는 특징도 있다. 그러나 아동문학가 역시 하나의 직업이 되어야 하며 쓰지 않으면 안 되겠다 싶을 만큼 쓰고 싶은 열정이 있을 때만 써야 한다. 바꾸어 말하자면 그만큼 어렵고 힘든 작업이다.

밤새 고민하고 꿈속에서까지 영감을 받을 정도로 애착과 열정을 쏟아야 좋은 작품이 나온다. 동화를 시작한 당신에게도 분명 우연이 필연으로 바뀔 시간이 올 것이다. 그것은 고난이자 축복이다.

근육과 정신의 자동화

세월이 흐르고 자녀들이 내 곁을 떠나 독립하게 되었다. 아이들 때문에 내가 하고 싶은 꿈을 이루지 못했다는 절망감과 그래도 아이들을 내 손으로 직접 키웠다는 자긍심으로 얼룩진 세월이었다. 나는 일에 미친 여자처럼 항상 일을 하고 싶었기에 아이들을 키우면서도 뉴베리 문학상 수상작인 『난쟁이 나라의 별들』을 포함하여 13권의 장편 소설을 번역해 냈다. 그때의 나에게는 24시간이 부족했다.

당시의 나는 참 무식했고 그래서 용감했던 것 같다. 미국과 호주에서 거주할 때, 내 맘에 드는 책들을 구해 읽고 무작정 번역해서 출판사에 내밀었다. 그러나 무명 번역가의 책을 선뜻 내주는 출판사는 찾기 힘들었다. 우연히 한 인쇄소가 출판사로 발돋움하는 과정에서 제인 르콩트의 『Moon Passage』를 『달빛 초상』이라는 번역서로 내주었다. 이 작품이 내가 최초로 출간한 번역서가 되었다.

그때부터 더욱더 번역의 매력에 빠진 나는 일반 소설, 동화, 영성서적 등 맘에 드는 책을 발견하면 앞뒤 재지 않고 번역에 매달렸다. 미리 출판사와 교섭도 안 한 상태에서 번역을 끝내고 보면 이미 번역서가 나와 있거나 출판사로부터 시장성이 없다고 거절당했다. 그때 소설과 두 편의 뉴베리 수상작 동화도 번역했으나,

끝내 빛을 보지 못한 채 지금도 서랍 속에서 잠자고 있다. 그때의 나는 참 우직했다. 출판사와 미리 정보를 얻을 줄도 모르고 열정만 있으면 일이 다 되는 줄 알았다.

 세상과 소통할 줄도 모른 채 인생의 상당 부분을 컴퓨터와 씨름하며 골방에서 허비한 셈이었다. 그러나 후회하지 않는다. 어쩌면 그때의 뚝심이 지금의 나를 작가로 만든 저력이었을 거라고 위로 삼아 본다.

 나는 오늘도 도서관으로 향한다. 정신만 앞서간다고 글 작업을 할 수 있는 게 아니다. 근육도 자발적으로 글 쓸 준비가 되었나를 확인하면서 근육과 정신을 함께 움직여야 한다. 일정 시간을 규칙적으로 글쓰기에 투자하다 보면 당신도 엄청난 효험을 느끼게 될 거다.

영끌 하세요

 100권 이상의 책을 낸 호주의 동화작가 폴 제닝스의 『기즈모』 시리즈를 번역할 때였다. 빨간 스포츠카를 타고 다니며 기상천외한 작품을 쓰는 멋쟁이 할아버지 작가의 삶이 온통 나를 지배했다. 지금도 책꽂이에 십여 권 쌓인 그의 책이 보인다. 부실한 체력 때문에 번역을 그만두고 쉬던 나에게 스멀스멀 창작의 욕구가 피어오르기 시작했다. 순전히 그의 영향이었다. 많이 읽으니 쓰고 싶은 욕구가 용솟음쳤다.

나는 곧 문화센터의 동화창작 교실을 기웃거렸다. 글이란 오롯이 혼자서 써야 한다는 생각을 스스로 뒤엎은 반란이었다. 지식이나 예술을 돈으로 사야만 성취할 수 있다고 믿는 사람들에게 강력한 반기를 들던 나였다. 그러나 다양한 생각을 하는 사람들과 함께하는 수업은 그런대로 즐거웠다. 소박한 작가 선생님의 농사짓기나 욕심 없는 생활 철학이 동화 초보인 나의 정신세계에 도움이 되었다. 단편 수업을 듣기 시작하고 집에 오면 혼자서 장편을 써나갔다. 1년 만에 세 편의 장편을 써나가며 공모전과 문학상에 응모할 용기를 배웠다.

혼자서 장편을 쓰는 일은 외로운 작업이었다. 주위의 누구에게서도 조언을 받을 수 없었다. 내가 쓰는 글이 옳게 가고 있는지 어떤지 알 수 없었다. 장편을 몇 편씩 써놓고 제대로 점검을 못 받으니 갈증이 났다. 그나마 동화창작 수업 선생님의 문법 체크와 수고했단 격려 스티커가 많은 위로가 되었다.

그 당시 우연히 구매한 조안 에이킨의 『꿈과 상상력을 담은 동화 쓰기』가 나를 살렸다. 좋은 책이 영양이 부족한 사람을 살린 거다. 나는 책 속의 문장을 읽고 또 읽어 외울 지경이 되었다. 나탈리 골드버그의 『뼛속까지 내려가서 써라』도 글쓰기에 많은 도움이 되었다.

동화를 쓰면서 가장 힘든 것은 글의 수준을 어린이의 눈높이

로 낮추는 일이었고, 줄거리 간의 개연성을 끌어내는 작업이었
다. 그런데 놀랍게도 눈앞에 승산이 보이지 않는 글공부를 하면
서도 학생들의 눈동자는 어린이들처럼 반짝였다. 힘든 경쟁의
세상에서도 그들의 정신은 순수하고 맑았다. 나 역시 늙지 않는
샘물을 마시려고 애써 그 대열에 줄 선 게 분명했다.

합평 작업은 서로에게 상처를 주고받는 일만 없다면 글쓰기의
가장 적절한 무기이다. 지금 이 책을 만들기 위해 함께 작업하는
5인은 그 시절 창작방 문우들이다. 호주에 체류하게 되어 거리
가 멀어지니 그들이 그립다. 그래서 글쓰기로 합체했다. 글쓰기
를 시작한 당신과 글쓰기의 진심을 나누기 위해 나는 이렇게 컴
퓨터 앞에 달라붙어 있다. 영끌하는 마음으로.

2. 아이디어의 원천

유년의 추억

인생이 지루해질 무렵, 변덕이 심한 나는 평소에 그랬듯 인생
에 변화를 주는 이벤트를 하나 만들고 싶었다. 불현듯 내 어린 시
절 이야기를 쓰고 싶어 안달이 났다. 글을 쓰기 시작하자 골목길
이 영화처럼 선명하게 내 앞에 나타났다.

동생과 뛰어놀던 함석집 앞 좁은 골목길, 골목집 담 너머로 작두 타던 무당을 보며 숨죽이던 기억, 할아버지가 주신 앵두를 서로 많이 가지려고 남동생과 몸싸움하던 골목. 그걸 말리던 핼쑥한 국화빵 집 아저씨(사람들이 폐병 걸렸다며 빵 사 먹지 말라 수군거리던), 오빠와 달리던 전동성당의 누런 모래언덕, 트램펄린도 아닌 쇠 스프링 침대에서 뛰다 둘이 떨어져 오빠만 이마를 찢긴 일, 간밤 세찬 비바람에 떨어진 은행을 주우러 가던 새벽녘 학교 운동장, 학교 정원의 고요함, 학교 창틀에 쪼그린 채 얼어 죽은 새.

한 인간의 고사리손 시절을 작품으로 끌어올릴 수 있으니, 글쓰기는 대단한 예술이다. 과거와 현재, 그리고 미래를 오가며 맘껏 요리할 수 있는 예술이 어디에 또 있겠는가. 작가들의 통과의례로 작품에 유년의 추억이 꼭 들어간다고 하니 글 쓰는 당신에게도 최고의 재료가 되겠다.

동화상자 만들기

이런 추억을 나열하는 이유는 이런 일상의 소재들이 동화나 글쓰기에서는 최고의 소재이기 때문이다. 나의 어린 시절을 떠올릴 때 뛰고 달리던 기억밖에 없는 것을 생각하면 아스트리드

린드그렌의 『삐삐 롱스타킹』이 생각난다. 밤낮 오빠나 남동생과 싸우고 뛰다가 떨어지니 '백말띠'가 무색했다. 한시도 가만히 있지 못한다. 항상 뭔가를 만들고 계획하고 글이라도 써야 직성이 풀린다. 어린 시절을 통해 진정한 내 모습을 들여다본 건 이번이 처음이라 짜릿하기도 하다.

계속 동화 상자를 열어본다. 장항 제철소 견학이라며 아이들끼리 군산 앞바다로 떠났다. 지겨운 겨울이 주춤, 초봄이 얼쩡거리는 길목. 아라비안나이트의 양탄자처럼 발만 들이면 어디로든 둥둥 날아갈 것만 같은 기분. 허파에 봄바람이 가득 든 여자애들을 태운 기차는 신나게 달렸다. 칙칙폭폭.

시커먼 흙 사이로 뾰족 고개 내민 보리 순, 눈 깜박이는 버들강아지, 살얼음 언 논두렁이, 낡은 기차, 어쩌다 놓친 돈주머니, 기차 바닥의 녹슨 구멍, 집에 올 차비도 끼니도 사라짐, 거짓말, 벌받음, 엄마 돈까지 훔침, 친구들의 동정, 눈물이 끝없이 볼을 적심.

어린 시절 기억으로 얼마나 아련한 추억인가. 친구의 왕따를 포함한 어른이 된 지금까지 한 번도 공표한 적이 없는 내 슬픈 이야기! 이걸 글로 쓰고 나니 속이 시원했다. 이 추억을 소재로 한 중편 동화 『바다로 간 아이들』로 부산가톨릭 문학상 공모전에서 최우수상을 받으니 기쁘고도 부끄러웠다. 그때는 몰랐으나 아프고 무서운 이야기가 동화의 좋은 소재가 된 셈이었다. 이렇듯 어린이들의 본성에는 잔인함을 즐기는 속성이 숨어있다. 그래서 어린이들은 악당, 죄수, 악마, 심하게 고난받는 이야기, 아픔을 주는 이야기, 왕따 이야기까지 즐겨 읽는다.

『바다로 간 아이들』은 엄마를 속이고 용돈을 받아 친구들과 바다를 보러 군산 앞바다로 떠난 소녀가 기차 바닥 구멍 속에 차비를 빠트리고 공포에 질려 집으로 돌아오는 과정을 그린 중편이다. 엄마를 속이고 받아낸 돈이었기에 주인공은 마음이 아팠다. 게다가 그 돈이 기차 바닥의 녹슨 구멍 속으로 빨려 들어가 버렸다. 집에 돌아갈 차비도 점심값도 없는 소녀의 공포. 기차는 하염없이 달리는데 왕따까지 당하는 주인공은 엄마를 속인 죄로 벌을 받는다고 괴로워한다. 이런 소재들을 현재와 연결해 어떻게 서사를 발전시키느냐는 오롯이 동화작가의 몫이다.

벗기고 벗겨도 끝이 없는 햇양파 같은 유년의 속살은 위대한 글감이다. 이것을 넣어둘 당신의 동화 상자를 꼭 만들어 두시라.

3. 영감을 지닌 시인

친절한 작가가 되시라

문화센터의 동화작법 교실에서는 작법보다는 한국 동화의 흐름이랄지 공모전 같은 정보를 많이 제공해 주었다. 공모하고 투고하는 것을 부끄럽고 어렵게만 여기던 나를 변화시킨 것이 이 수업에서의 가장 큰 수확이었다.

글이란 그 누구의 도움없이 오롯이 혼자서 써야 한다는 지론을 갖고 있던 나였다. 그러나 현대는 나를 홍보하는 세상이다. 혼자 쓰는 글도 좋으나 다른 사람과의 교류도 필요하다. 많이 읽고, 많이 쓰고, 많이 생각하며 타인과의 합평도 적절히 조화시키는 게 중요하다. 자기 작품을 타인에게 인정받는 데서 보람을 느끼는 것은 인간의 자연스러운 본능이다.

동화를 쓰기 시작하면서부터 나는 바로 장편을 써나갔다. 누가 알아주지도 않는데 오륙백 매를 써놓고 스스로를 칭찬했다. 고칠 것이 전혀 보이지 않았으나 합평에 가지고 가면 엄청나게 빨간 줄 투성이가 되어 돌아왔다.

처음 글을 쓸 때, 동화 속에서 대부분 설명은 거의 다 건너뛰었다. 이렇게 해도 어린이 독자를 모두 이해시킬 수 있다고 큰소리쳤다. 그 결과 나에게 찍힌 별명은 불친절한 작가. 처음 동화를 습작하고 합평을 할 때 동료들에게 숱하게 들은 말이었다. 어린이의 심정을 이해하고 조목조목 알려주어야 하는 동화는 친절해야 한다는 것이다. 어쨌거나 심증만 가지고 문장 속에서 자세한 설명을 건너뛰는 것은 어른을 위한 소설 속에서나 가능한 이야기였다.

지금 생각하면 길기만 한 내 글 속에는 개연성이 부족했다. 문장의 앞뒤를 연결도 안 한 채 재미난 이야기만 늘어놓으면 안 될 일이었다. 나 혼자서는 파악할 수 없는 부족한 점을 서로 보완해주는 합평 시간도 필요한 법이다.

창작에 몰두한 반미치광이

때로는 꿈속에서 작가의 고민이 해결되기도 한다. 노벨상 수상 작가 한강은 꿈속의 '아기 부처' 이야기를 소설로 썼다. 뉴베리 문학상 수상 작품인 케이트 디카밀로의 동화 『내 친구 윈딕시』도 그가 꿨던 꿈속 이야기를 동화로 쓴 작품이다. 나의 첫 역사소설 『동학 소년과 녹두꽃』도 꿈속에서 나타난 부분을 많이 인용했다.

초보 시절 내가 900매가 넘는 작품을 썼다는 게 믿기지 않는다. 앞으로도 다시는 그런 열정이 살아나지 않을 것 같다. 그러니 열정이 솟을 때 초심의 기분으로 무조건 많이 쓰시라. 글이 나갈 때 멈추지 말라. 쉼 없이 달리다가 이후에 몰아서 쉬는 게 한번

물오른 기운을 유지하는 방법이다.

'어린이를 위한 글을 쓰고 싶어 견딜 수 없을 때나, 어린이들이 즐겁게 읽을 수 있는 이야기를 쓰고 싶은 충동이 강할 때만 동화를 쓰라'는 조안 에이킨의 말을 전한다. 그녀는 어린이 동화, 성인 동화, 추리 소설, 공포 소설, 연애 소설 등 다양한 영역에서 50년 이상 창작에 열을 쏟아온 대가이니 그녀의 말을 귀담아들어 볼 만하다. 지금도 작품을 다 쓴 후 조안의 지침서를 넘기며 마지막 수정을 한다. 그런데 아쉽게도 그녀의 책은 현재 절판이다.

그녀는 정해진 공식에 따라 작품을 쓰는 것은 어린이들에게 질 나쁜 음식이나 물이 새는 신발을 파는 것만큼 잘못된 것이라고 지적한다. 어린이 수준에 맞는 글이라는 생각만으로 동화 쓰기를 시작하면 안 된다. 출판사의 인정을 받아 돈을 벌 목적으로 작품을 써서는 안 된다.

현대 사회는 매스미디어로 인해 어린 시절이 점점 짧아지고 있다. 이전에는 자연 속에서 놀고 즐기며 책을 즐기던 어린이들이 지금은 게임이나 스마트폰, 혹은 SNS로 인해 책을 읽을 시간이 현저히 적어지고 있다. 동심을 쌓고 뛰놀아야 할 행복한 시절이 짧아지는 대신, 빨리 어른의 세계로 점프하는 셈이 되었다. 귀한 어린 시절이 너무 줄어들었다. 따라서 어린이들이 동화를 읽는 시간도 점점 줄어든다. 동화작가들은 그들을 위해 더욱 영양이 풍부한 책을 만들어야 한다. 그러기 위해서 작가는 항상 새롭고 풍부한 경험을 얻기 위한 노력을 해야 한다. 다른 문화나 여행을 통한 체험, 혹은 다른 분야의 일을 해 볼 필요가 있다.

아동의 감동을 자아내는 작품을 만들기 위해서 동화작가는 정신과 능력을 발전시켜야 한다. 창작에 몰두하는 반미치광이, 영감을 지닌 시인과 비슷한 모습이야말로 진정한 동화작가가 갖추어야 할 모습이다.

강한 장르 찾기

문학 대상을 받은 내 첫 장편을 돌아보면 미흡하기 짝이 없고, 고치고 싶은 내용이 눈에 띈다. 버니입이라는 소재가 이국적이고 특이하며 작품의 진정성이 엿보인다고 격려하는 큰 상을 준 것 같았다. 염치없지만 너무나 감사한 일이었다.

그때서야 동화지침서를 사보고 맞춤법을 익히며 늦깎이 동화작가의 길로 다가갔다. 때로는 서서히 때로는 격렬하게. 쓰다 보니 단편보다는 장편을 쓸 때 가속이 붙고 신이 났다.

서사를 잘하면 동화작가,
섬세하고 멋진 표현을 즐겨 하면 시인,
묘사가 적성에 맞으면 수필가,
상황과 그 속에서 등장인물의 행동에 흥미를 느끼면 소설가.

조안 에이킨의 말처럼 서사에 흥미가 생기니 내 인생이 화려해졌다. 그건 바쁘고 활력이 있다는 의미이다. 동화를 쓰기 전에는 지루하던 여행길이 이제는 반짝이는 글감으로 다가오고, 로드킬로 헐떡거리는 캥거루가 연민의 글이 되고, 빌라봉(호주 오지의 습지)의 악어와 연꽃이 사이좋은 친구가 되기도 한다.

동화의 서사를 짜다 보면 인생이 신이 나고 지루할 겨를이 없다. 변덕스러운 내 성격에 이 흥미가 언제까지 이어질지는 모르겠으나 매사가 능동적이고 기쁨으로 가득 차게 되니 나이 먹을 겨를이 없다.

이렇게 자기가 어느 장르에 강점인가를 알면 남보다 빨리 고지에 도달할 수 있다. 그러기 위해서는 여러 장르의 다양한 시도를 해야 한다. 단, 절대로 초조해하지 말고 느긋하게 기다려야 한다. 습작하다 보면 스펙이 쌓이고 저절로 자신의 강점을 알게 된다. 오직 돈을 벌기 위한 목적을 가지고 출판사에 내기 위하여 서둘러 작품을 쓰는 것은 어린이들에게 큰 죄악이다.

4. 동화작법의 진수

독자의 흥미 불러일으키기

어린이 독자의 관심을 불러일으키기 위해서는 끊임없이 사건을 제시해야 한다. 줄거리 속에 흥미로운 단서나 정보를 조금씩 뿌리는 방법도 좋다. 어린이들은 지루함을 잘 견디지 못하기 때문이다. 동화 『캥거루 소녀』를 예로 들자면 '일본군 위안부'가 있던 시기이니 배경이 옛날이었다. 이걸 해결할 방법을 고민하다 현대적인 소재, 평행우주를 소재로 가져왔다. 이 소설은 제2차 세계대전을 배경으로 일본군 위안소에 끌려간 한국의 소녀가 호주 원주민의 혼혈 소녀를 만나 여정을 함께 하는 내용이다. 가족을 빼앗기고 호주에서 떠돌면서 둘은 우정과 사랑의 힘으로 세상 모든 소녀의 인권을 위한 노력을 한다. 그때 두 우주 사이로의 이동은 옛이야기를 현재로 끌어오는 데 성공적이었다. 북 토크에서 가장 많이 질문을 받았던 소재이기도 하다.

이처럼 흥미를 불러일으키기 위해 시간이라는 도구의 사용도 좋다. 꿈이나 시간여행 등은 너무 식상한 소재이다. 좀 더 새로운 시간 개념을 도입해 보면 어떨까? 또한 대화를 잘 구사하여 작품의 진행 속도를 빠르게 할 수 있다. 폐쇄된 공간 또한 훌륭한 배경이 된다. 장편동화 『코나의 여름』의 공간적 배경은 하와이 불의 여신 펠레가 사는 마그마 동굴로 불꽃이 이글거리는 곳이다. 이처럼 나만의 특별하고 독창적인 시간, 대화, 배경이 독자의 흥미를 불러올 수 있음을 알아두자.

연령 대상을 미리 정하라

동화도 어른을 위한 소설 못지않게 고뇌하며 스토리를 만들고 그걸 다듬는 작업이 필요하다. 사람들은 동화작가라 하면 아름답고 서정적이며 밝은 이야기를 쓰는 사람만을 떠올린다. 그러나 동화는 발전했고 복잡한 현대의 어린이들의 마음을 충족시켜야 한다. 그러므로 동화작가도 자신만의 전문성을 가지고 시작하는 게 좋다. 유아, 저학년, 중학년, 고학년, 청소년 등의 독자 타깃층을 미리 정하고 전문세계를 구축하자. 보통은 단편을 쓰면서 자신감을 얻고 나서 장편을 쓴다. 그러나 꼭 그럴 필요는 없다.

어린이들의 세계는 무한히 창조적이고 변화무쌍하다. 그들은 기발하고 대담무쌍하며 신선한 소재를 좋아한다. 어린아이일수록 커다랗고 눈에 띄는 것만이 아닌 작은 것들에도 호기심을 갖는다. 그러므로 어린이의 눈높이에 맞춘 단순한 소재에서 출발하여 쓰는 것이 보통이다.

단순하고 작은 소재는 순이네 가게라고 쓰인 낡은 간판, 할머니의 꽃밭, 알로에 꽃 속에서 꿀을 따며 춤추는 참새, 옆집 욕심쟁이 영감, 아빠가 앉힌 전기밥솥의 콩밥 등 세상에 즐비하게 널려있다. 조안 에이킨은 덧없이 지나가 버리는 세상의 모든 순간과 사물들을 사람들에게 각인시켜 주는 것이 작가의 의무라고 말한다. 사소한 주변의 이야기들이야말로 어린이들을 가장 행복하게 해 줄 수 있다.

중간 연령층의 어린이나 유아들을 위한 작품에서는 반드시 악은 벌을 받고 선은 보상을 받는다는 것을, 혹은 적어도 선한 이가 살아남는다는 것을 보여줘야 한다. 어쨌든 작품을 쓰기 전에 연령 대상을 정하는 게 가장 좋다.

소재와 주제-교훈은 금물

동화에 발을 들이고 처음 작품을 쓸 때 주제도 신경 안 쓴 채 무작정 써갔고, 차차 주제를 생각하게 되었다. 모르면 용감하다는 말이 딱 나에게 해당하는 말이었다. 이제 겨우 조금 글쓰기에 감이 잡힌다고나 할까? 그때 이렇게 썼으면 더 좋았을 테지만 후회하지 않는다. 그것을 깨달은 것이야말로 큰 수확이니까.

주제를 이야기하기 위해서는 먼저 소재 이야기를 하지 않을 수 없다. 작가마다 다르나 내 경우는 소재를 모은 다음에 주제를 생각한다. 특히 글 전체를 관통하는 주제를 염두에 두고 작품을 쓰는 것이 좋다. 아래 분석으로 소재와 주제에 감이 잡히길 바란다. 나의 출간 도서 중 세 편의 세종도서와 문학나눔 선정 도서를 통해 주제와 소재를 알아본다.

『버니입 호주 원정대』
소재: 호주의 상상 속 동물 버니입
주제: 두려움을 다스리는 용기

『구다이 코돌이』
소재: 호주의 산불, 아기 코알라
주제: 우정, 동물사랑

『코나의 여름』
소재: 미국 최초의 하와이 한인 이민자
주제: 정체성

『캥거루 소녀』
소재: 위안부 소녀와 호주 혼혈소녀
주제: 평화와 인권

동화를 쓰면서부터 나의 인생이 바뀌었다. 엄마가 말던 김밥 꼬투리, 여행에서 만난—부인을 잃고 계절 따라 이동하면서 관광 안내하는—자원봉사 호주 할아버지, 그리고 녹슨 다리에 걸린 노랑 리본. 작가에게 세상은 호기심 천국이다. 다시 소녀로 환

생해 사는 느낌이랄까. 어떻게 보면 현실과 동떨어져 사는 것처럼 보일 수도 있겠으나 항상 동화의 소재를 염두에 두고 사니 삶이 밝고 유쾌해졌다.

다음에 할 작업은 등장인물을 통해 줄거리에 살을 더 붙이고 빼는 작업이다. 이때 주제를 너무 강조하다 보면 어린이들이 잔소리꾼처럼 싫어하는 교훈으로 가득 찬다. 책은, 특히나 어린이를 위한 책은 즐거움을 얻기 위해 존재해야 한다.

어린이들에게 설교란 가당치 않은 일이다. 토머스 하디의 『녹림의 나무 아래서』에서 "나는 나쁜 도덕관이 들어있는 이야기를 좋아한다."는 주인공의 이야기로 미루어 교훈적인 동화가 얼마나 거부감이 드는지를 가히 짐작할 수 있다. 좋은 동화란 도덕을 가르치기보다, 도덕에 대해 생각하게 만드는 글이라는 의미이다. 주인공들의 대화 속에서 자연스레 사랑, 인권, 차별, 평등 등의 이야기를 한마디씩 던지면서 주제에 접근하는 작법을 연구해 보는 것도 좋다.

동화 『캥거루 소녀』에서 주인공 순희는 "이제 나는 움직이는 소녀상이 될 거야. 북반구 한국에서 멀리 남반구 시드니까지 소녀상이 움직여 왔듯, 나처럼 고난을 겪는 힘든 소녀들을 위해 움직일 거야."라고 하며 사랑과 인권을 은연 중에 이야기한다.

5. 등단

등단으로 가는 길

보통 작가들은 자기가 작품을 쓰는데 투자한 시간이 4개월 걸렸으면 4개월 동안 수정한다고 한다. 초고 만큼 퇴고의 시간도 비례한다는 점에서 수정이 얼마나 중요한지 알 수 있다. 다 쓴 작품은 조용히 물러앉아 숲을 보는 시간을 갖도록 한다.

오랜 시간 공들여 완성한 작품을 이제 타인에게 선보여야 할 시간이다. 얼마나 자랑스러운 시간인가. 그야말로 겸허하게 심판을 받아야 할 시간이다. 나의 경우는 쓰는 것은 미친 듯 즐거워서 썼으나 남에게 보이는 시간이 죽음처럼 힘들었다. 그러나 여러분은 용기를 발휘해야 할 때다.

지금이야말로 신춘문예나 공모전, 문학상에 도전할 시기이다. 일단 등단이라는 관문을 거쳐야 작품을 출간할 기회를 얻기 때문이다. 등단은 문학지의 응모를 통과하거나 공모전이나 문학상에 응모해 당선하는 통과의례이다. 물론 이런 당선 없이도 단행본을 출간하면 등단으로 인정을 받는다. 권위 있는 문학상에 당선되면 상금과 단행본까지 내주니 꿩 먹고 알 먹는 셈이다.

그러나 문학지 출간을 통한 등단이나 공모전에 당선이 되어도 책 출간이 어려운 경우가 허다하다. 하지만 실망은 금물이다. 홀

륭한 작품만 준비되면 출판사 문은 어디에나 열려 있으니 마음껏 투고하기를 권한다. 어떤 작가는 100여 군데에 동화를 투고한 끝에 겨우 출판사 하나를 잡기도 한다. 이 얼마나 짜릿한 일인가?

동화는 다른 장르와 달리 출간 때 평론이나 추천사가 필요 없다는 점이 단연코 장점이라고 할 수 있다. 연줄이나 학연·지연 없이 자기 작품만으로 정당한 평가를 받고 경쟁을 벌인다는 점이 아동문학의 매력이다.

어린이들은 책을 읽고 스스로 줄거리에 빠져 새로운 세계를 탐험하는 데 열심히지, 평론 같은 것은 털벌레 보듯 싫어하는 경향이 있다. 그래서인지 아동문학 서적 후기에는 평론이나 해설 같은 게 없다. 아동문학 평론은 어른들이나 문학 하는 사람만 보게 된다. 동화란 본인만 노력하면 등단이 가능한 분야라서 작가 지망생들에게 희망의 메시지를 날려드린다.

무조건 투고하기

스티븐 킹은 무수한 거절 쪽지를 대못에 박아 벽에 걸어둔 글쟁이였다고 『유혹하는 글쓰기』에서 밝힌다. 나 역시 투고에서 수십 차례 낙방을 맛보았다. 처음엔 투고하는 것이 두려웠는데 투고 후 번번이 떨어지니 붙는 게 이상할 지경이 되었다. 글은 많이 써놓았는데 이걸 투고하고 일일이 시놉시스를 쓰는 일이 참으로 부담스러웠다.

나는 글만 쓰고 내 글을 투고하고 관리해 줄 사람이 나타나면 얼마나 좋을까하는 부질없는 꿈도 꾸어 보았다. 원고지 400~500매의 글을 쓰고 수정까지 마치고 나면 탈진 상태에 이르는데 매번 새로운 투고처를 찾아 나서는 일은 정말 잔혹했다. 정신적이고 육체적으로 힘든 이 잔혹사에 대해 언젠가 한 번 긴 글을 쓰고 싶다.

잠깐, 여기서 역사소설을 쓰는 당신에게 드리는 조언 한마디. 무조건 투고는 피하라고 알려드린다. 청소년 역사소설을 내는 출판사가 많지 않으므로 출판사 섭외를 미리 해야만 한다. 온라인 서점에 나온 도서를 살펴보면 출판사의 경향을 대강 알 수 있다. 자기 작품을 받아들일 만한 출판사를 선택한 후 투고한다. 무조건 여기저기 투고하는 것은 시간과 정력의 낭비이다.

투고하는 요령은 크게 어려운 것이 없다. 시놉시스를 잘 적고 원문과 함께 출판사로 보낸다. 투고한 작품이 출판사의 눈에 들어 책이 나오게 될 때야말로 작가의 가장 큰 즐거움이자 자부심이다. 일단 투고로 출간을 유도해 보고 정말 안 될 때 자비 출간으로 가는 쪽을 택하시라. 어차피 글을 쓰려고 생각했으면 배짱 좋게 버텨보는 심지가 작가에게 절대 필요하다.

요즘은 출간한 책에 대해 정부에서 주는 여러 가지 선정 도서 -세종, 문학나눔, 청소년 북토큰, 각종 기관의 선정- 의 이벤트가 있다. 선정 도서로 채택되면 어느 정도의 책 판매 부수는 보장된다. 자기 능력으로 조건 없이 투고한 작품이 출간으로 이어져 인기 있는 책이 되는 것이야말로 작가의 영예이자 기쁨이다.

6. 동화에서의 금기사항

아무리 중학생을 위한 동화라 할지라도 노골적인 섹스 이야기는 피하는 게 좋다. 열세 살 이하의 어린이들은 섹스라든가, 섹스가 불러일으키는 감정, 자기 성찰, 비밀 등에 그다지 관심이 없다.

아동문학 작품이 비극으로 끝나도 될까? 비극으로 끝나도 괜찮다. 동화『구다이 코돌이』는 코알라의 죽음으로 끝난다. 그렇지만 주인공 민이는 코알라와의 이별을 겪으며 한껏 성장한다. 산불로 된 폐허에서 솟아오르는 유칼리 새순을 보고 민이는 죽음이 삶의 끝이 아니라는 희망을 본다. 어린이들은 강한 도덕성을 지니고 있다. 규모가 장대하고 영웅적인 소설의 결말이 비극이라도 그 슬픔과 불행은 받아들일 수 있다.

그러나 작품 전체가 비극이 되어서는 안 된다. 결말에 가서는 뭔가 희망을 보여야 한다. 게으르거나 우울하거나 절망적인 내용은 절대 아동문학 작품에 들어가서는 안 된다. 폭력적인 내용

역시 금한다. 역사소설이나 판타지에서는 어쩔 수 없이 폭력이 들어가도 되지만 현대의 가정을 소재로 한 작품에서는 절대 금기 사항이다.

문장에서 수동태는 피하며 부사의 사용을 자제하라. 부사를 사용한 등장인물은 목석처럼 느껴진다.

좋은 아동문학 작품은 폭포수처럼 힘이 넘쳐흘러야 하며 성인문학작품이 지닌 요소를 지니면서도 더 짧은 길이로 조정되어야 한다. 어린이의 집중력에는 한계가 있으니까. 하지만 감정의 범위는 더 줄어들면 안 된다. 어린이들은 책을 되풀이해서 매우 천천히 혹은 매우 빨리 읽어낸다. 그리고 등장인물과 자신을 동일시하여 작품 속의 세계로 빠져든다.

7. 청소년 역사소설 작가 지망생에게

현재 한국은 미국과 달리 역사소설을 쓰는 동화작가와 청소년 소설가가 늘어나고 있다는 반가운 소식이 들린다. 그러나 솔직히 역사를 공부하는 청소년도 역사소설을 읽는 청소년도 드물어 출판업계는 답답하기만 하다. 가끔은 왜 이렇게 힘들게 공부하면서 인기 없는 역사소설을 쓰고 있나 나 자신이 한심할 때도 있다. 사명감이 없으면 좀처럼 손대기 힘든 장르가 아닐까 생각된다. 그렇다고 겁먹지는 마시라.

　나 역시 우연히 역사소설에 발을 디디게 되었다. 사실 학창 시절에 역사를 별로 좋아하지 않았고 역사 성적도 바닥이었다. 그런 내가 역사소설 작가가 되다니 내가 생각해도 신기하다.

　동화를 쓰던 어느 날, 우연히 남원 대장간에 여자 대장장이가 있다는 기사를 접했다. 부산에서 남원까지 단숨에 달려가 그 여자 대장장이를 만났다. 세상을 뜬 남편이 하던 일을 이어받아 철길의 단단한 쇳조각을 불에 달군 후 칼을 만드는 강한 여장부가 나의 마음을 사로잡았다. 특히 그 여인이 만드는 칼에 흥미를 느껴 그날부터 칼 제작 자료를 모으기 시작했다.

　마침 그때 정약종을 참수한 검의 이야기를 공부하게 되었다. 사형장에서 망나니가 내리친 칼에 죽지 않고 머리를 번쩍 들고 하늘을 우러러 기도했다는 정약종! 이 혼이 깃든 명검을 좇는 탐관오리들이 나오고 대장장이의 딸과 백정의 아들 춘석을 주인공으로 한 장편소설 900매를 써 내려갔다.

　그 원고를 어른들을 위한 소설로 해서 이곳저곳 투고를 했다. 그러나 초보 작가의 제멋에 취해 쓴 소설을 받아들이는 출판사는 없었다. 고민 끝에 청소년소설로 투고해 보고 싶었다. 청소년의 흥미를 끌려면 긴박감과 역동성이 있어야 할 것 같았다. 그래서 소설 속 명검을 의인화시켜 망나니의 참수 칼로 활동하도록 했는데 이건 상당한 모험이었다. 역사소설 속 칼의 의인화라니!

긴박감을 위해 거의 반 정도를 잘라내는 작업이 정말 힘들었다. 반이 잘려 나갈 때는 마음이 아팠다. 그래도 모 아니면 도라 생각하며 답을 기다렸다. 출판사로부터 바로 출간 제의를 받았고, 놀랍게도 며칠 후 청소년 역사소설 시리즈 5권을 계약하자는 제안을 받았다. 조선부터 근현대까지 틀을 짜 시대별 굵직한 사건으로 역사소설을 쓰는 프로젝트였다. 역사에 정통하지도 않은 내가 잘 해낼 수 있을까 하는 고민이 제일 컸다. 나는 그 제안을 기꺼이 받아들였고 지금까지 역사소설 시리즈를 위해 전념하고 있다.

역사소설을 쓰는 작업은 내가 홀대했던 내 나라의 역사를 돌아보고 나를 담금질할 수 있는 계기가 되었다. 나는 내적으로 단단해지는 자긍심과 즐거움을 누린다. 과거의 역사에서 내일을 밝힐 등불이 될 수 있는 희망을 찾아 청소년들과 함께 역사 속을 유영한다.

역사소설과 칼 의인화의 만남. 당신도 뭔가 자신만의 개성 있는 도구를 작동시켜 보시라. 칼 이야기가 드디어 청소년 역사소설 『대장간 소녀와 수상한 추격자들』로 태어났다. 칼의 의인화는 좋은 평을 받았다.

항상 깨어 있으라

만약 출판사에서 시대를 정해 주고 무슨 내용의 역사소설을 써달라고 했으면 나는 거절했을 것이다. 감사하게 생각하는 것은 출판사에서 나에게 시대와 사건 선택을 다 맡긴 점이다. 나는 자유로이 역사 속을 배회하며 시대에서 요구하는 사건을 이야기할 행운을 얻은 셈이었다.

소설을 쓰기 전에 항상 기도한다. 이 글이 우리 청소년의 마음에 닿아 이롭고 정의로운 사회를 만드는 데 기여할 수 있는 글이 되게 해 주십사고. 맨 처음 번역을 시작할 때부터 지금까지 작품을 쓰기 전 마인드 컨트롤은 멈추지 않는다. 어쩌면 나 자신에게 마법을 거는 시간일 수도 있다.

두 번째 소설을 위해 1800년대 후반의 역사 속을 배회하다 나는 운명적으로 동학농민군의 유골을 만나게 된다. 처형지인 진도를 떠나 일본에서 100여 년을 떠돌던 그 기구한 유골은 이제 한국으로 돌아와 전주 녹두관에 안치되어 있다. 그 유골의 혼이 나에게 호소하는 듯한 강한 느낌을 받아 『동학 소년과 녹두꽃』을 탄생시켰다.

1894년 우금치 전투의 패배를 마지막으로 동학혁명은 잊힌 전쟁, 아니 잊고 싶어 하는 전쟁이 되었다. 그러나 그 당시 민초들의 항거 정신이야말로 현재의 한국을 지탱해 온 위대한 정신이었다. 문학은 이렇게 불평등한 소수를 찾아 알리는 작업이기도 하다. 이 순간을 위해 작가는 항상 깨어있어야 한다.

현장 작가가 되시라

독일 교과서에 실린 이미륵 박사의 『압록강은 흐른다』를 읽은, 전후 세대의 독일인들은 흐르는 눈물을 감출 수 없었다고 한다. 그들은 전쟁 후 피폐하고 삭막해진 마음을 기댈 곳이 없어 방황하고 있었다. 그때 멀고도 낯선 나라에서 온 젊은 청년의 수채화 같은 글이 그들에게 위로와 감동을 주었다. 작고 가난한 나라이지만 소박하고 밝게 살아가는 한국인의 정서와 글 속에 비친 해맑은 산수가 그들의 황량한 가슴을 촉촉하게 어루만져 주었다. 흔히 철인이라는 이미지가 떠오르는 강인한 독일인을 감동시킨 작은 한국인 이미륵 박사를 알았을 때, 그분의 이야기를 청소년들에게 알리고 싶은 열망이 내 가슴 속에 용솟음 쳤다. 마침내 기회가 와서 뮌헨 근교 그레펠핑에 있는 이미륵 박사의 묘소를 방문했다. 그곳에서 가까운 강이 내려다보이는 아파트 앞에서 시작하여 선생이 산책했을 이자르강을 따라 걸어보았다. 마침 그곳 숲속에서 헌책을 파는 작은 시장이 열린 모습은 충격적인 아름다움이었다. 문학가이자 지성인인 그의 이미지와 어쩜 그리 맞아떨어지는 정경이었는지!

뮌헨 근처의 유대인 수용소로 악명 높았던 다하우 수용소의 방문도 작품 쓰는 데 큰 도움이 되었다. 국내에서는 일본 제국주의가, 독일에서는 히틀러가 판을 치던 국외 정세를 비교해 나가며 당시의 역사를 거시적인 관점에서 바라본 소설을 쓰고 나니 뿌듯한 마음을 감출 길이 없었다. 역시 현장을 방문하면 보는 눈이 달라진다.

독일 강변 숲에서 한국 종과 비슷한 버드나무와 쑥을 발견하고 보물을 찾은 듯 반가웠다. 작품 속에 박사가 독일 쑥을 보고 고향에 계신 어머니의 쑥인절미를 그리워했다는 구절을 넣었다. 고국과 어머니를 그리워하는 박사의 마음과 하나 되어 나는 눈물을 흘리며 책을 써 내려갔다. 현장을 가보지 않았다면 이런 감정을 공유할 수 없었을 것이다. 역사소설이지만 따뜻한 감정의 공유가 이루어질 때 진정성 있는 작품이 나온다.

그렇게 역사소설 세 번째 작품 『소년 독립군과 한글학교』가 탄생했다. 한민족의 정서를 설파하고 독일에서 한국어와 서예를 가르쳤으니 펜으로 독립운동을 한 동양의 현인이자 지성인이다. 이미륵 박사를 한국 청소년에게 알리겠다고 그분의 묘소 앞에서 약속했고 나 스스로 그 약속을 지켜냈다.

감정의 교류가 흐르는 진정성

네 번째 역사소설은 거제도 포로수용소 디오라마 관에서 본 '하얀 기저귀 한 장'이 소재가 되었다. 포로수용소 철망에서 펄럭이는 하얀 기저귀가 한국전쟁 소설로 발전하게 된 것이다. 전쟁 중 할머니에서 어머니, 그리고 손녀딸로 이어지는 여성들. 반공포로 석방을 거부하고 수용소에서 애를 낳아 길러 등에 업고 북으로 간 북한 여군 포로들. 인종과 시대를 막론하고 세상을 이어주는 모성은 이념을 넘어선 숭고한 휴머니즘이었다.

이 작품을 위해 거제도 포로수용소를 두 번, 그리고 임진각을 방문하며 한 발짝이라도 북한에 가까이 가보려 애썼다. 시드니 UTS 대학교수가 찍은 최근의 북한 사진들도 전쟁을 기억하는 데 도움이 되었다. 임진각에서 읽은 학도병이 어머니에게 쓴 편지는 오래도록 가슴을 적셨다.

아무리 많은 전쟁서와 역사서를 공부한다 해도 진정성이 없는 이야기는 독자에게 다가갈 수 없다. 『한국전쟁과 소녀의 눈물』 속 피난민 소녀와 소년의 우정과 사랑을 통해 절망 속에서 희망적인 메시지를 전하고자 했다.

팩트와 허구의 분배

역사소설은 역사 + 소설이다. 역사서 = 역사의 기록물이다. 그러므로 역사소설은 역사의 팩트(진실)와 작가의 상상력(허구)을 버무려 맛깔스러운 요리로 탄생시키는 것이다. 이때 역사적 진실은 보통 배경이 되기 때문에 정확하고 증명할 수 있는 사실이어야만 한다.

이상훈 작가의 『한복을 입은 남자』처럼 단 한 줄의 역사적 팩트에 작가의 무한한 상상력을 투자해도 무방할 수 있다. 『한복을 입은 남자』라는 책 제목은 페테르 파울 루벤스의 그림 중 「한복을 입은 남자」에서 유래했다. 이 책은 조선의 장영실이 유럽으로 건너가 소년 레오나르도 다빈치를 만난다는 내용을 담고 있다. 더러는 임진왜란 당시 노예로 팔려간 조선인 소년, 안토니오 코레아라는 소년을 모델로 추정하기도 한다. 그러나 그럴수록 역사적 배경과 시대상을 진정성 있게 묘사해야만 한다. 그러기 위해서는 그 시대의 책을 많이 읽어 작품 속 시대에 정통해야 한다.

조정래 작가는 그의 저서 『홀로 쓰고, 함께 살다』에서 "역사란 생명이 살아 숨 쉬는 생명체이다. (생략) 그 생명성 때문에 역사는 진실과 객관과 불변을 자양분으로 맥박이 뛴다."라고 설파하셨다. 역사가 과거에 머물지 않고 미래의 등불이 된다는 점에서 역동적인 역사소설을 만들 책임은 이제 작가의 몫이다.

아동문학 작가가 되려고 마음 먹었다면 모아놓은 동화 상자를 열고 소중한 작업을 시작할 시간이다. 이 글이 한번 읽고 스쳐 가는 에세이가 아니라 당신의 글쓰기에 희망을 줄 안내서가 되기를 소망한다.

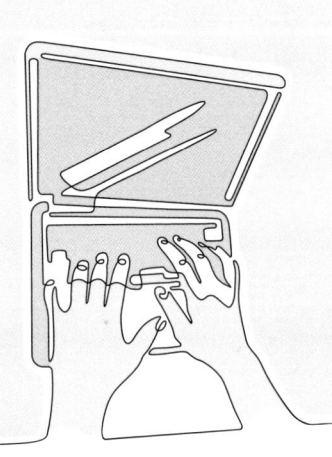

「동화의 독보적인 장르」

양지영

1. 문학적 감수성이 발현되는 시기

 나는 대구광역시 아래 동네 자인이라는 시골에서 태어났다. 여름에는 풋사과 향기로 일렁거리고 일요일이 되면 성당 종소리가 마을을 흔들었다. 겨울이 되면 눈은 또 얼마나 내리는지 무릎까지 푹푹 쌓이는 곳이었다. 나는 아무 걱정이 없었고 하루하루 행복한 아이였다. 골목에 나가면 아이들은 늘 있었다. 남자아이들은 구슬치기나 딱지치기로 모이기 일쑤였고, 여자아이들은 감나무 아래 소꿉놀이로 여러 가지 상상력을 펼쳤다. 그때 내가 느낀 모든 감성은 자연하고 연결되어 있었다. 나무가, 풀이, 꽃이 친구가 되었다. 코로 향기를 느끼고, 눈으로 보고, 귀로 자연의 소리를 듣고, 손으로 만지고, 이런 놀이가 글을 쓸 때 많이 도움이 되었다. 사물을 관찰하고 잘 기억해 두었다가 글을 쓸 때 가끔 꺼내어 보곤 했다. 이 행복한 기억은 초등학교 5학년 즈음 끝이 났다. 아버지의 사업이 새로운 변화에 밀려나면서 나는 시골을 떠나게 되었다.

그 당시 대구는 나에게 너무도 커다란 세상이었다. 도시는 내가 살던 세상과 많이 달랐다. 적응하기가 어려웠다. 처음 글을 쓰던 시간이 생각난다. 중학교 1학년, 나는 시골에 있는 친구들에게 편지를 썼다. 사춘기에 접어드는 시기였고, 둥지를 떠난 아기새처럼 고향의 모든 것이 그리웠다. 밤만 되면 고향의 어느 모퉁이가 그리웠고, 그럴 때면 감기 몸살을 앓았다. 그때 한 친구에게 편지를 오랫동안 썼다. 나는 그 친구에게 도시의 생활과 십 대에 느끼는 자잘한 일상을 공유했다.

유년시절 가장 기억에 남는 일은 과수원을 했던 친구 집에서의 일이다. 나는 이 이야기를 첫 책 『카멜레온 원장님의 비밀』에서 작가의 말에 썼다. 친구네 집에는 사과를 저장하는 큰 창고가 많았다. 학교를 마치고 나는 주로 그 친구의 집에서 놀았다. 사과 궤짝이 쌓여있는 빈 창고는 우리들의 흥미로운 놀이터였다. 그 사이로 쥐처럼 드나들며 숨바꼭질도 하고 그러다 주로 역할놀이를 했다. 모든 사물에 눈과 귀를 달아주고 입을 통해 이야기가 시작되었다. 고양이가, 쥐가, 여우가, 나는 내 멋대로 지어낸 이야기였을 뿐인데 아이들이 재미있게 들어주는 게 고마워 열심히 이야기 극장을 꾸려나갔다. 그러다가 입이 마르면 빨갛게 익은 사과를 나누어 먹었다. 그 기억은 어른이 된 지금도 너무나 선명하다. 나는 그 친구들과 오랫동안 유년의 시간을 같이 했다. 중학교 2학년에 올라오면서 그 추억만으로 힘든 시간을 버텨 내었다. 도시의 아이들은 고등학교 입시 시험으로 과외를 했고, 교내 진학 상담실 게시판에 우리 학교 3학년 전체 성적 순위가 공개될 정도로 치열했다. 그때는 고등학교도 입시가 있던 시기였다. 나는 그 틈에서 숨을 쉴 수가 없었다. 그런 와중에 더 큰 시련이 찾아왔다. 아마 6월쯤이었던 것으로 기억하는데, 친구의 죽음 소식을 듣게 된 것이다. 사인은 연탄가스 중독이었다. 나는 십 대에 추억을 공유하고 가장 아끼던 친구의 죽음을 마주하게 되었다. 믿을 수가 없었다. 그때부터 방에서 책을 읽기 시작했던 것 같다. 나는 더 이상 고향을 그리워하지도 않았고, 친구들을 생각하고 싶지 않았다. 시골에도 내려가지 않았다. 그즈음 나는 내성적이고 말이 없는 아이로 변해갔다. 가끔 하늘나라에 있는 친구에게 편지를 썼다. 그리움에 쓴 글을 읽으며 울고 또 울었다. 오랫동안 누구에게도 말하지 않았던 이야기다.

2. 동화작가의 첫걸음

　나의 초보 작가 시절은 동화라는 세계에 들어가기 위해 방황하는 시간이었다. 정체기는 꽤 길었다. 그동안 수필을 써왔고, 소설도 한때 배우러 다녔다. 영화제의 시민 평론단이 되어 영화 리뷰를 쓰는 일까지 해온 터라 온전히 내 힘으로 상상의 나래를 펼쳐야 하는 동화창작은 쉽지 않았다. 아이들의 세상을 상상 속에서 끄집어 내어 그리는 일은 생각보다 더 힘들었다. 문장은 길었고, 만연체에다 정제되지 않는 문장이 많았다. 내 주변엔 모델이 될 만한 아이도 없었다. 그러던 어느 날, 친구를 만나러 신세계 백화점에 갔다가 우연히 문화센터에 동화창작반이 있다는 사실을 알게 되었다. 호기심 반, 글에 대한 열정 반으로 곧바로 수강신청을 했고, 그 일을 계기로 나는 본격적으로 동화창작의 길에 들어서게 되었다. 수업을 받으며 내가 가진 문제점이 수면 위로 드러났다. 수업이 끝나고 집에 오면 바로 단편을 썼다. 일주일이 지난 후 선생님에게 가져가면 선생님은 고개를 갸웃거리셨다. 주인공은 아이이나 글은 수필 같은 형식에다가 내용이 동화와 어울리지 않는다고 했다. 그 당시 가장 많이 들었던 말은 "다시 써 오세요"였다. 그런 말을 6개월 내내 들었던 것 같다.

　그날 수업을 마치고 교보문고에 들러『신춘문예 당선작』을 샀다. 그러고는 수능 공부하듯이 파고들었다. 캐릭터 분석부터, 서사가 펼쳐지는 흐름을 눈여겨보았다. 원고지 30매 정도의 분량인데, 나는 동화를 너무 쉽게 보았던 것 같았다.『신춘문예 당선작』에 실린 글들은 내공이 깃든 글들이 많았다. 한 문장, 한 문장 보석처럼 다듬은 흔적이 보였다. 다시 마음을 가다듬었다. 그러고는 단편 동화 프레임 안에 이야기를 배치하는 과정을 깊이 들여다보려고 애썼다. 1년 정도 되자 나는 비로소 동화 글쓰기에 다가갈 수 있었다. 또 고백하자면 많은 도움을 받았던 곳은 동화 수업 이외에 스터디에서였다. 우연히 만든 모임이었지만, 이 모임은 결속력이 있었다. 무엇보다 회원들의 작품이랑 내가 쓴 작품을 비교해 보면 내가 어디에서 실수하는지 눈에 보였다. 나는 그때부터 무조건 동화를 모집하는 공모전에 원고를 넣었다. 그렇게 2012년 어린이 동산에서, 동서 커피 문학상에서 수상했다. 나는 그곳에서 희망을 보았다. 그토록 높았던 동화의 벽이 허물어지는 순간이었다.

다음 해 통일 교육부에서 주최한 '통일창작공모전'에 도전했다. 주제는 평화통일이었다. 나는 낡은 기차를 주인공으로 한 의인화 동화로 시작했다. 이 단편을 똑같은 내용으로 세 번 썼던 것 같다. 6.25전쟁 때 활약했던 철마 할아버지의 역사성과 현재의 경전철인 꼬마 기차로 캐릭터를 설정하고 나니 아이디어가 떠올랐다. 주제는 평화통일이지 않은가? 취재하는 과정에서 달님과 월정리역의 전설을 메모해두었다가 달님 캐릭터를 추가해서 넣었다. 그러니 이야기가 더 풍성해졌다. 철마 할아버지와 꼬마 기차와 달님이라는 캐릭터 서사들이 연결고리가 되니 제법 주제가 가까워졌다.

　나는 이 단편을 스터디 모임에 두 번 넣었다. 회원들의 의견을 겸허하게 받아들이고 집에 와서 지루하게 고쳤다. 이 작품은 스터디에서는 사실 크게 사람들에게 호응을 끌지 못했다. 그래서 발표하는 날도 잊고 있었는데 우리 회원에게 전화가 왔다. 내 이름이 맨 위에 있다는 것이었다. 믿을 수가 없었다. 많은 시간을 고민하고 사람들 찾아다니며 묻고 또 물었던 그 작품이 성과를 이루어 내는 날이었다. 같은 해 『여성조선』에서 주최했던 여성조선 문학상에서도 연락이 왔다. 일본 나가사키 평화공원에서 있었던 1945년의 이야기를 부산에 오는 배 안에서 구상했는데 이 작품도 수상했다는 소식이었다. 2013년 여름, 두 개의 큰 공모전에서 최우수와 우수상을 받고 나니 내 이름 앞에 동화작가라는 타이틀이 주어졌다.

3. 아이디어를 구상하는 방식

　동화작가라고 불리게 되면서 가끔 내가 글을 어떻게 쓰게 되었는지 생각해 볼 때가 있다. 마을에 한 아이가 태어나면 마을에 있는 모든 것이 관여한다는 말에 깊이 공감한다. 나는 나 혼자 스스로 컸던 게 아니었다. 우리 집 앞을 가로지르던 실개천도 관여했고, 마을에서 익어가던 사과향기가 내 감수성을 건드렸고, 숲으로, 들로 몰려다니며 놀던 친구들. 심지어 우리 마당에 서 있던 감나무도 내가 성장하는 데 도움을 주었다. 이것이 내가 작가가 된 환경적인 요인이라면 또 다른 한 가지는 자주 가던 만홧가게를 꼽을 수 있다. 학교 가지 않는 날에는 만홧가게에서 하루종일 시간을 보냈다. 주로 순정 만화를 읽었고, 내가 특히 좋아했던 이야기는 소인국에 관한 이야기였다. 어린 쥐가 천장에 대롱대롱 매달려 있던 장면이나 소인국의 사람들이 도시로 몰려나와 큰 차에 당황한다든가, 사람들의 가방에 매달려 간신히 도망치던 이야기, 수저통에 매달린 작은 사람들, 주로 그런 이야기를 좋아했던 것 같다. 이런 이야기를 모티브로 썼던 글들이 내 동화의 시작이었다.

『카멜레온 원장님의 비밀』이나, 『달나라의 정원사』는 작은 동물들이 겪는 여러 가지 사건에서 이 아이디어를 떠올리며 썼다. 하지만 어릴 적 이야기는 내 기억에 한계가 있었고, 나는 중학교에 올라가면서부터 점점 책을 좋아하고 글 쓰는 일을 좋아하는 아이로 변했다. 짧은 파마를 했던 김성효 선생님은 국어 수업 전엔 시를 외우게 했다. 나는 지금도 윤동주의 「별 헤는 밤」을 가만히 읊조릴 때마다 중학교 2학년 때 국어 시간이 생각난다.

대학교 다닐 때는 학교 도서관에서 근로 장학생을 했다. 서고에 앉아 학생들의 대출을 담당하고 카드 정리를 하던 학생이었다. 근로 장학생은 우연히 지원하게 되었는데 타이핑을 잘한다는 이유로 합격점을 받았던 것 같다. 도서관에 있는 시간이 많아진 나는 그때부터 학생들이 오지 않는 시간엔 뭔가를 끼적거리기 시작했다. 그때가 문학적 감수성이 폭발하던 시기였다. 도서관은 음지에 위치한 탓에 어두웠고, 겨울엔 항상 추웠다. 특히 우기의 계절이 오면 묵은 고서에서 문자들이 반란을 일으켰다. 곰팡내는 젖은 도서관을 유령처럼 천천히 돌아다녔다. 생각해 보니 나는 글쓰기를 할 수 있는 그 어떤 곳이라도 나의 방식대로 찾아갔던 것 같다. 내가 태어난 자연환경도 있었지만 혼자 있으면 혼자 있는 대로 생각하기를 즐겼다. 집은 부유하지 않았지만, 그것에 휘둘리지 않고 절망하지 않는 긍정적인 마음도 글쓰기에 도움이 되었다. 지금도 동화 소재를 찾으러 다닐 때면 머리에 안테나를 세우고 간다. 지금부터 나는 소재를 수집하러 갈 거고, 내 눈에 띄는 모든 것은 그냥 지나치지 않으려는 마음을 가진다. 미술관이나 박물관 또는 여행을 갈 때도 언제나 소재가 있으면 놓치지 않았다. 또 만나는 사람들의 특징은 작품에 그대로 넣기도 했다.

아이디어는 그냥 오는 건 아니다. 내 주변에 널린 모든 소재를 놓치지 않았고, 그렇게 쓴 글들이 잘 풀리지 않으면 집 뒤에 있는 공원에 산책하러 갔다. 산책하면서도 이야기의 고리를 풀어 가며 생각하고, 분석하고, 그렇게 이야기를 만드는 시간을 쌓아 갔다. 동화창작의 핵심은 여러 가지가 있겠지만 작가 눈에 포착되는 관찰이 중요하다. 내가 본 것, 생각한 것, 글로 쓰고 싶을 땐 이 모든 것을 총동원한다. 그러고는 자세하게 묘사하는 일도 잊지 않는다. 다음은 주제로 달려가야 한다.

가끔은 책을 읽다가 만나는 소재도 더러 있다. 전시회 갔다가 아이디어도 생각나고, 스터디 회원의 글에서도 아이디어가 솟구칠 때가 있다. 다만 그것을 놓치지 않고 집에 와서 메모하고 컴퓨터에 빈 폴더를 만들었다. 지금도 내 바탕화면엔 빈 폴더가 화면을 꽉 채운다. 거기에는 제목만 써 둔다. 서두르지 않고 천천히 생각을 녹이고 아이디어가 떠올랐을 때 그 시간을 놓치지 않는다. 아이디어도 유효기간이 있다. 그때를 놓치면 그 아이디어는 이미 내 것이 아니다. 모든 사람에게 반짝이는 영감은 있다. 다만 그것을 일상에서 놓치고 사는 경우가 많다. 작가는 그것을 놓치지 않고 남기기 때문에 작품이 만들어진다. 생각해 보니 내가 머무는 모든 곳에는 내가 만들고자 했던 이야기와 연결되어 있었다.

4. 내가 썼던 이야기

　나는 『쓰레기 섬에서 온 초대장』을 빼고는 거의 의인화 동화를 출간했다. 『카멜레온 원장님의 비밀』은 단편집으로 총 6개의 챕터가 들어있는데, 「달빛 싣고 가는 기차」를 빼고는 거의 동물들의 이야기로 이루어져 있다. 주로 환경 이야기로 시작하나 전체를 관통하는 주제로 더불어 사는 세상을 말하고 싶었다. 개인에서 공동체, 더 나아가 지구상에 연대하는 사람들의 이야기를 담았다.

　사람들이 가끔 의인화 동화를 어떻게 쓰는 거냐고 물어오기도 한다. 난 캐릭터가 먼저 정해지면 동물들의 사진을 프린트해서 작품이 끝날 때까지 모니터에 붙여놓고 관찰한다. 동물들만의 특징을 따라 주제를 만들기도 하고, 역할에 맞는 배역을 정하기도 한다. 캐릭터가 정해지면 동물들이 만든 장소를 물색한다. 물론 주제를 생각하면서 말이다.

　『카멜레온 원장님의 비밀』 안에 수록된 「용기 주머니」 같은 경우는 두더지가 라식수술을 하면 어떤 일이 벌어질까? 라는 궁금증에서 출발한 동화다. 눈이 어두운 두더지는 '떴다 안과'에서 눈 수술을 하고는 용감하게 땅 위로 올라갈 계획을 세운다. 의사는 경고한다. 두더지가 눈 수술을 한다 한들 다른 두더지들이랑 많이 다를 거라는 착각을 하지 말라고 한다. 겁 없이 용기를 내는 일이 주의 사항이라고 일렀지만, 두더지 봉이는 땅 위로 올라간다. 그곳에서 여러 가지 사건을 만나는 이 이야기는 가진 것에 비해 잘난체하는 사람들을 빗대며 썼다.

변신을 잘하는 카멜레온에게는 뷰티샵의 원장이란 직업을 주었고, 힘이 있는 독수리에게는 축제 위원장의 신분을 주었다. 야행성인 올빼미는 시계 수리점의 주인이 되었고, 육지 거북이는 땅을 기어다니며 현재 지구상에 일어나는 온난화를 가장 잘 느끼는 동물의 대표로 지정했다. 야생동물을 치료하는 노루 원장님은 의사이며 로드킬로 다쳐서 오는 동물들의 대변인으로 만들었다. 동물들에게 직업을 부여하면 어느 정도 이야기의 윤곽은 드러난다.

주인공에게 맞는 배경이 정해지면 캐릭터는 그 배경 안에서 마음껏 이야기를 창조한다. 『카멜레온 원장님 비밀』에 나오는 단편집 중 「올빼미 시계 수리점」이 있다. 시계 수리점을 운영하는 올빼미는 손님들이 자신이 수리한 시계를 다시 가져오는 것에 의문을 가진다. 자신이 늙어서 눈이 많이 어두워졌기 때문에 실수를 했다고 생각한 올빼미지만 진짜 이유는 다른 곳에 있었다. 시계 수리를 맡긴 동물들은 왜 시계가 안맞는다고 생각했을까? 다람쥐의 고민은 늘 정확하게 찾아오던 계절이 달라졌다는 데 있다. 봄, 가을이 짧아졌고, 겨울이 길어지다 보니 겨울잠을 자는 동물들은 동면 준비의 시기를 놓치게 된다. 또 철새들은 추워지기 전에 따뜻한 나라를 찾아가야 하지만 바람의 방향을 잡지 못해 이동해야 할 시간을 놓치게 된다. 이것이 작품 속 동물들이 시계가 고장 났다고 생각한 이유다. 올빼미 시계 수리점의 리콜 사건을 통해 기후 온난화의 심각성을 알려주고 싶었다.

의인화 동화는 초등학교 저학년에게 잘 어울리는 동화다. 동화 속 이야기들은 등장인물만 동물이지 사실 사람들의 이야기다. 자연환경에 대한 이야기나, 기후 온난화, 로드킬 같은 이야기는 현재 우리가 겪고 있는 고민이다. 나는 의인화 동화를 통해 사람과 동물의 조화로운 연대를 말하고 싶었고, 고통받는 동물들의 고민을 함께 들려주고 싶었다.

『카멜레온 원장님의 비밀』속 바다를 품은 금고래는 내가 다녔던 신세계 백화점 앞에 있던 고래 동상에서 아이디어를 얻었다. 언젠가 이 고래 동상을 소재로 동화를 쓰리라 마음먹었고, 그 동화는 판타지 형식의 동화가 되었다. 백화점이 문을 닫는 시간에 백화점 앞에 서 있던 고래는 벼락을 맞으며 진짜 고래로 변한다. 고래는 자기가 살던 바다를 찾아 백화점 안으로 들어가서 바다가 어디 있는지 물어본다. 백화점 안에 살아있는 고래가 다닌다고 상상해 보라, 나는 백화점 안의 상황들이 너무 재미있어 그 동화를 단숨에 썼다. 이렇게 캐릭터에게 맞는 주제와 역할이 정해지면 이야기는 자연스럽게 흐른다.

사실 내가 이야기를 거침없이 쓰는 게 아니라 캐릭터와 역할,

장소 이런 것의 장치들이 서로 맞물려지면서 이야기는 어느새 결말을 향해 달려가는 것이다. 이 책을 읽는 여러분도 경험해 보라, 내가 만든 동화의 일정 부분에서는 캐릭터가 역할을 해낸다고 보면 된다. 그 캐릭터가 서사를 끌고 간다. 그러면서 서서히 주제에 다가가야 한다. 이야기의 시작과 반, 이것이 고비일 뿐 결말은 자연스럽게 봉합된다. 나는 쓰면서 아이디어가 떠오른다. 그래서 동화의 초고를 쓸 때는 고민을 짧게 하는 편이고, 일단 모니터에서 달린다는 생각으로 시작한다. 그리고 수정하는 시간에 많은 공을 들인다.

5. 나는 독자와 이렇게 만났다

출간 후 본격적으로 독자와의 만남을 시작한 책은 『크릴 전쟁』이다. 『크릴 전쟁』은 해양 스토리 공모전에서 수상한 작품이다. 수상하고 나니 출판사에서 출간하자고 제의가 들어왔다. 40매 분량의 짧은 동화였는데 그림 동화책으로 나오게 되었다. 이 책은 그해 환경부 주최 우수환경 도서로 선정되면서 입소문을 타기 시작했다. 그때 이 책 덕분에 경기도 청평을 처음 가 보았다. 새벽 4시에 부산에서 출발하여 청평으로 향했다. 작은 도서관에서 시작한 청평초등학교 아이들과의 만남은 무척 설렜다. 난 중학생 시절 장래 희망을 이야기할 때 초등학교에 근무하는 사서가 꿈이라고 말해 왔다. 학교 모퉁이에 자리한 작은 도서관에서 아이들에게 책을 소개하고, 정리하는 일이 무척 보람된 일로 느껴졌다. 그런데 그 도서관이 딱 그랬다. 한때 내 꿈이던 온화한 사서 선생님이 나를 반겼다. 나는 작가로 온 것도 잊고 선생님이랑 많은 대화를 나누었다. 처음 작가와의 만남을 시작한 터라 나는 나름 영상편집도 배워서 작가 프로필도 만들고,『크릴 전쟁』에 필요한 자료도 준비했다.

수업이 시작되자 아이들의 눈빛이 일제히 나를 향했다. 아이들의 질문은 생각보다 놀라웠다. 책에 대한 해석도 다양했다. 남극의 미래를 걱정하는 젠투펭귄 펭구의 모습에 감정이입을 하는 아이도 있었고, 환경에 대한 걱정도 많았다. 선생님의 선행학습 덕분에 아이들의 질의응답은 끝이 없었다. 수업 중에 그린 크릴 전쟁 속의 다채로운 그림들은 내게 중요한 자료가 되었다. 아이들은 오히려 나를 격려했다.

"이런 좋은 책을 만들어 주셔서 감사합니다."
"더 좋은 책을 만들어 주세요."

작가님의 책을 읽고 나서 반성했다는 아이도 있었다.
나는 그때 알았다. 환경교육은 말로 설명하기보다는 책을 읽고 질문하고 자신의 답을 알아가는 과정이라고 생각이 들었다. 나는 책 이야기만 했을 뿐인데 아이들의 궁금증은 끝이 없었다. 그 후로 나는 많은 학교로 작가와의 만남을 다니며 다양한 아이들을 만났다. 아이들의 질문들은 기발했고, 남극에 대한 질문도 쏟아졌다. 최극단에서 일어나는 작은 일이 이렇게 아이들에게 큰 파동을 일으킬지 몰랐다. 새삼『크릴 전쟁』책을 출간하자고 선뜻 손을 내밀어 준 지성사 대표님께 감사한 순간이었다. 안 그랬으면 원고지 40매 분량의 이 짧은 동화가 빛을 보았겠는가? 환경부에서 주최하는 '우수 환경 도서'로 선정이 되었을까 말이다.

아이들에게 감동이 될 만한 글이 뭐가 있을까? 늘 고민한다. 요즘은 직접 학교로 찾아가는 수업이 있어서 거기서 받는 피드백에 많은 도움을 얻고 있다. 아이들의 목소리를 직접 듣고 공감할 수 있는 동화, 아이들이 무슨 동화를 좋아하는지 늘 그런 생각으로 머릿속이 가득 차 있다. 다시 말해서 아이들과 공감 할 수 있는 동화. 그런 동화를 쓰고 싶다.

6. 슬럼프는 이런 방식으로 온다

앞에서도 이야기했듯이 수필만 써오던 내게 동화창작은 무척 어렵게 느껴졌다. 동화는 이야기의 구조를 갖추어야 하고 나름 정해진 규칙이 있기 때문에 아이디어가 떠오른다고 막 쓸 수 있는 게 아니었다. 물론 글 쓰는 일은 다 어렵다. 동화는 특히 어린이가 대상인 글이어서 처음 글을 쓸 땐 생각해야 할 일이 많았다. 동화를 쓰면서 나는 자주 길을 잃었다. 앞에서도 언급했지만, 동화창작 수업 선생님은 내 글을 읽을 때마다 단호했다.

"다시 써 오세요."

나는 매번 좌절했다. 단편 소설 100매도 썼는데 이 30매가 뭐라고. 그렇게 생각할 때가 많았다. 그렇지만 동화는 쉽게 내 손을 잡아주지 않았다. 고백하자면 그때는 다른 작가의 단편을 읽어도 무슨 이야기인지 이해하기가 어려웠다. 동화창작을 너무 어렵게 생각한 탓이었다. 도서관에서 계속 동화책만 파고들었다. 그리고 많은 질문이 떠올랐다.

"이 작품은 이렇게 간단하고 단순한 구조인데 어떻게 상을 받을 수 있었을까?"

"이 주제는 요즘 트렌드에 맞는 걸까?"

"다른 동화작가들은 어디서 아이디어를 얻을까?"

읽을 땐 몰랐는데 다 읽고 나면 가슴 깊은 곳에서 뭔가가 툭 치고 올라왔다. 그랬다, 아동문학에서 가장 최고로 일컫는 것은 '감동'이었다. 독자를 감동하게 할 만한 것. 이것이 어려우면 공감이라도 하면 좋겠다. 이런 마음으로 습작에 들어갔다. 한 달에 단편 한 편을 쓰는 게 목표였다. 그러고는 스터디에 한 번도 빠지지 않고 동화 쓰기에 돌입했다. 내가 쓴 동화를 보고 회원들이 말했다.

"무슨 이야기인지 모르겠어요."
"주제는 뭔가요?"
"이야기가 산만해요."

이런 피드백이 돌아왔다. 무슨 이야기인지 모르겠다는 말은 주제도 없이 그냥 썼기 때문에 전달력이 없었던 거다. 주제가 뭔지 모르겠다는 말은 전달하고자 한 주제를 결국 작품 속에 녹여내지 못했다는 거다. 이야기가 산만하다는 것은 너무 많은 캐릭터에 에피소드가 엉켜있어 단편의 기능을 잃었다는 이야기다. 나는 이 피드백에 대한 이야기도 분석하고 내 작품에 대한 문제점에 집중했다.

작품에 대한 슬럼프는 누구에게나 다 있다. 동화창작반 수업을 들으면서 다른 사람의 작품과 내 작품을 비교하면 한없이 작아졌다. 수업은 그냥 취미 생활로 다녀야겠다고 여러 번 생각했다. 머리가 복잡할 때는 친구를 만나 수다도 떨다가 동화 쓰는 것이 안 풀리면 수영장에 갔다. 수영장에서 열심히 수영하다 보면 머리가 맑아지고 기분이 상쾌해졌다. 산책도 하나의 방법이었다. 그리고 이것도 저것도 생각하기 싫을 때는 여행이 최고다. 캐리어 안에는 동화책이 아닌 평소에 읽고 싶었던 책을 가지고 간다. 특히 산문집이 내게는 생각할 수 있는 여백을 주어서 좋다. 산문집 안에는 작가들의 인생이 농축되어 있다. 나는 비행기 안에서 여러 번 읽고 또 읽는다. 그러고는 호텔에서 그날의 일기를 쓴다. 여행지에 대한 메모도 잊지 않는다. 내 작품 중에 『꿈을 잃어버린 아이』라는 단편이 있다. 이 단편은 2013년 여성조선문학상에 투고하면서 내게 등단의 기쁨을 준 작품이다. 이 작품의 소재는 일본 나가사키 평화공원에서 얻었다. 평화공원에 있는 분수를 보면서 1945년에 원자폭탄을 맞은 아이를 생각해 냈고 목이 말라 죽은 아이코란 캐릭터를 만들었다. 그리고는 현대의 배경에서 이곳으로 여행 온 한솔이와 1945년의 아이코를 어떻게 연결할 것인가에 대해 고민을 했다. 한솔이는 배를 타는 선장님이 되는 것이 꿈이었고, 아이코는 발레리나가 되는 꿈을 가진 아이다. 아이코의 등장과 한솔이가 만나는 장면을 상상하자 이야기는 술술 풀렸다. 이 동화는 판타지 형식으로 과거 속 아이를 현재로 소환하는 방식이 개인적으로 마음에 들었다.

또 『쓰레기 섬에서 온 초대장』이란 작품이 있다. 이 작품은 작년 초등학교 5학년 아이들과 작가와의 만남을 진행하면서 많은 질문을 받았던 책이다. 해운대 바닷가에서 플로깅하면서 소재를 떠올렸다. 그때 마침 갈매기들이 바닷가로 많이 모여들었다. 이 동화에서 플라스틱 새가 중요한 캐릭터인데 그 갈매기를 보며 만들었다. 멀리 보이는 오륙도는 쓰레기들이 흘러가서 만들어진 거대한 섬으로 묘사했다. 공간과 캐릭터와 이야기는 그렇게 자연스럽게 내 머릿속을 돌아다닌다. 집에 와서는 컴퓨터 바탕화면에 또 폴더를 만든다. 제목을 넣어서 말이다. 어쨌든 이야기의 방향은 항상 두서가 없다. 어지럽게 엉켜있는 실타래 같은 이야기를 한올 한올 풀어서 재배치하는 일, 그렇게 작품이 완성되면 그것만큼 보람된 일은 없다. 나는 아직도 슬럼프를 겪는 중이다. 그렇지만 이제는 어떻게 풀어야 하는지도 안다.

7. 나는 작가가 된 후 어떤 변화가 있었을까?

『카멜레온 원장님의 비밀』을 출간하고 맨 먼저 찾아갔던 곳은 내가 다녔던 도서관이다. 나는 그곳에서 내 책이 신간으로 올라와 있는 것을 보았다. 아무도 알아주지 않는데 나는 주변에 있는 아이들을 힐끔거리며 쳐다보았다. 그러고는 이 책을 지은 사람이 '나'라고 말하고 싶은 걸 속으로 꿀꺽 삼켰다. 교보문고에도 갔다. 나는 서점의 주인이 된 것처럼 책 위에 먼지도 털고, 내 책을 정리하기도 했다. 그리고 몇 권 팔렸는지 확인하는 내가 우습기도 했다. 작가가 된 이후로 크게 달라진 점은 없었다. 나는 여전히 동화를 쓰기 위해 고민했고, 간혹 독자와의 대화에 참여하기도 했다. 아이들은 한목소리로 말했다.

"동화가 재미있어요."
"작가님은 어떻게 이런 글을 생각했어요?"
"작가는 참 힘들 것 같아요"

이렇게 말하는 아이들도 있었다. 수업이 끝나기 5분 전에는 간단히 아이들의 의견을 들었다. 생각보다 아이들의 질문은 예리했고, 나는 짧은 시간이지만 아이들에게 정성스럽게 대답했다. 학교는 동화작가로 가장 인정받는 곳이기도 했다. 9월에 부산 북구에 있는 사람책 도서관 사업으로 초등학생들을 위한 수업을 한 적이 있다. '사람책 도서관 수업'은 부산 북구청에서 주관하는 사업으로 작가가 직접 초등학교 교실로 찾아가서 작가의 책과 이야기를 나누는 수업이다. 그 교실에서 만난 선생님은 내게 이렇게 말했다.

"선생님, 작가는 참 만나기 힘든 분 같아요. 이런 기회에는 선생님의 이야기를 들려주세요. 아이들이 작가의 세계에 대해 알고 싶어 해요."

나는 두 시간 동안 '나의 작가적인 삶'에 대해서 열띤 수업을 했다. 웃음기 많았던 6학년 아이들이 진지해졌고, 질문도 많았다. 그 수업에서 내가 이날 이때까지 글쓰기를 하기 위해 어떤 노력과 진지한 시간들을 보냈는지 아이들에게 말해 주었다. 그리고 마음속에 '생각의 방'을 만들라고 이야기했다. 생각의 방이 확장되면 될수록 더 깊은 사유가 생긴다. 이걸 보면 동화작가로 산 내 삶의 변화는 분명히 있다. 나는 이제 아이들에게 내 삶을 펼칠 이야기를 해 주는 어른으로 서 있다는 생각을 그때 했었다.

어린 시절 내가 읽었던 어떤 책이 내 삶에 변화를 주었던 것처럼 이 아이들도 내 책을 읽고 긍정적인 변화의 실마리를 얻었으면 했다.

동화작가로 사는 삶은 그 이전의 삶과 비교해 보면 외적인 부분보다 내적인 부분에 더 많은 변화와 차이가 있다. 나는 동화를 쓰면서 내가 살아가는 세상에 더 많은 관심을 가지게 되었다. 지구별 모든 이야기에 관심을 기울이고, 마음 아파하고, 희망으로 이끄는 위대한 사업. 이것을 동화작가의 삶이라고 말하고 싶다. 글을 쓸 때면 나 자신이 바로 서야 한다는 생각을 많이 한다. 세상의 무수한 질문에 귀를 기울이고, 직면할 수 있는 용기, 그리고 작품 속에서 내 목소리를 내는 일이야말로 동화작가가 할 수 있는 가장 가치있는 일이다. 아무도 알아주지 않는 도서관 귀퉁이에 내 책이 꽂힐지라도 도서관을 구성하는 하나의 일원이 된 것을 자랑스럽게 생각한다. 나는 이제 '읽는 삶'에서 '쓰는 삶'으로 변화하는 인생을 살고 싶다. 작가라는 이름뿐인 타이틀보다 아이들에게 다가가서 상처 난 마음을 다독여 주고 따뜻한 이야기를 들려주는 사람으로 성장하고 싶다.

8. 동화가 처음인 그대에게

    동화창작 수업을 받기 시작하면서 내가 제일 걱정이 되었던 부분이 있다. '내가 과연 동화를 쓸 수 있을까?' 하는 나 자신에 대한 의구심이었다. 동화창작반에는 이십여 명의 사람들이 있었고, 모두 동화를 배우기 위해 모였던 사람들이었다. 그중에는 매주 작품을 써왔던 사람도 있었고, 열심히 배우려고 애썼던 사람도 많았다. 하지만 3개월이 지나 하나, 둘씩 빠져나가면서 이들은 자신이 동화랑 맞지 않는다는 말을 남겼다. 내가 가장 걱정했던 일이 눈앞에 펼쳐졌다.

    나는 글쓰기에도 완급조절이 필요하다고 생각한다. 너무 열정적으로 쓰다 보면 길게 가지 못한다. 그래서 느리더라도 즐겁게 글을 쓰고 작품이 안 나오면 안 나오는 대로 희망은 버리지 않아야 한다. 너무 목표만을 향해 달려가는 글쓰기는 실패한다고 마음을 다스렸다.

나는 작가가 안 되어도 좋았다. 나이가 들면 친구가 없더라도 혼자 책 읽고, 동화를 쓰는 삶도 괜찮다고 나를 위로했다. 공모전 문을 두드렸던 건 등단하기 위해서라기보다 내가 제대로 이 길을 가고 있는지에 대한 검증이 필요했기 때문이다. 공모전에 입상하면 나름 작품에 대한 긍지도 생길 거고, 작품의 방향을 제시하는 큰 틀이 만들어질 것 같았다. 그렇게 꾸준히 수업에 임하고, 스터디에 나가고 하다 보니 책까지 발간하는 행운을 얻었다. 포기하지 않고 조급하게 생각하지 않았던 내 생각이 옳았다. 동화작가가 등단하는 방법은 여러 가지 있지만 결국 나는 공모전 최우수상을 수상하며 등단했다.

지금도 동화작가를 꿈꾸는 여러분들에게 말하고 싶다. 작가가 되고 싶은 이유는 사람마다 다를 것이다. 동화작법을 배우려면 많은 동화책을 읽어 보아야 하는 것은 맞다. 그렇지만 내 경우엔 다른 장르의 창작자들 작품을 많이 보러 다녔다. 그들이 만든 작품인 여러 가지 그림, 영화, 무용 각종 문화 행사를 기웃거렸다. 시립미술관과 박물관에서 하는 행사에도 빠지지 않았고, 영화제에서 시민 평론단을 하고 있어서 해마다 영화제가 돌아오면 영화를 보러 다녔다. 감독이 연출하는 여러 가지 구성이나, 이야기의 흐름, 미장센 같은 것을 눈여겨봤다. 작품을 만들려면 여러 가지 창작자들의 작품을 눈여겨보고 비슷하게 따라 하는 과정도 필요하다. 이들은 모두 우리에게 훌륭한 선배님이다.

작품 구상을 위해서는 발로 뛰는 취재도 필요하다. 버스를 타고 가다가 어떤 구조물에 꽂힌다든지, 눈에 들어오는 모든 사물에 대한 관찰과 궁금증, 그 궁금증이 질문으로 이어지면 내 작품에 대부분 들어오게 되어 있다. 그랬다. 대부분 작품을 만들 때는 질문 하나가 툭 던져졌던 것 같다. 그 질문에 대해 깊이 고민하고, 어떤 무대와 인물을 만들지 끊임없이 되새김질했다. 만나는 사람들을 관찰하고 이야기가 어떤 방향으로 나아갈지 이정표를 세우고 나면 단편 동화가 어느새 만들어지고 있었다. 나는 처음부터 단편 동화를 한 달에 한 편씩 썼다. 그리고 나름 규칙을 정했다. 내가 정해놓은 단편 동화의 룰이다.

1. 등장인물은 5명 이하로 한다. 되도록 3명이 가장 알맞다.

2. 단편은 30매이기 때문에 나의 경우는 일인칭 시점이 속도감 있게 잘 써진다. 삼인칭 시점은 주제에 잘 집중할 수가 없다. 삼인칭으로 속도감 있게 쓸 수 있으면 써도 된다. 다만 원고 매수를 계산해서 캐릭터의 배분을 철저하게 계획해야 한다.

3. 시간 흐름을 길게 잡지 않는다. 하루 동안의 사건이거나 일주일 정도의 기간 설정이 알맞다. 긴 시간의 서사는 장편에 어울린다.

4. 원고지 30매 분량은 A4 다섯 장 정도이기 때문에 이야기를 최대한 조밀하게 써야 한다. 구슬을 꿰는 심정으로 한 문장

한 문장이 주제랑 연결되어 있어야 한다. 장면전환이 빠르면 속도감이 난다.

5. 영화는 원 구성이 많다. 동화도 결말을 생각하면서 앞에 전개랑 마지막 부분이 일치되게 균형을 잡아야 한다. 뜬금없이 갑자기 일어나는 사건은 작위적이다. 뒤에 일어나는 사건은 앞에 암시하거나, 상징성을 가진 장치를 넣으면 좋다.

6. 단편은 되도록 사건이 빨리 전개되어야 한다. 앞부분에 긴 설명으로 허비하는 시간이 없어야 한다.

7. 소재를 선택할 때 너무 많은 사건을 넣지 않는다. 그렇지 않으면 이야기의 흐름이 산만해지고 자칫하면 주제가 모호해지는 경우가 많다.

8. 단편에서 가장 우려하는 지점은 평이한 주제에 평이하게 흐르는 서사다. 안 그래도 짧은 이야기인데 기, 승, 전, 결이 너무 완만해지면 독자가 무슨 이야기인지 눈치채지 못한다. 절정 부분은 확실하게 묘사하는 것이 좋다. 그런 다음 해피엔딩이 무난하다.

9. 동화의 문장은 간결함이 묘미다. 단문이 어울린다. 어린이들이 읽는 책이기 때문에 어린이들이 이해할 수 있는 수준의 글을 쓰는 게 당연하다. 문장에 작가의 나이가 보인다던가, 아이들의 문화에 어울리지 않는 문장은 배제해야 한다. 한문, 영어보다 아이들이 쓰는 언어에 대한 탐구가 필요하다. 작품을 쓸 때는 주

인공에게 맞는 나이대의 언어로 쓰는 것이 가장 중요하다. 동화를 처음 쓰는 사람이라면 초등학교 교과서를 참고로 보면 좋다.

10. 모든 글쓰기의 목표는 독자들의 마음을 움직이는 데 있다. 특히 어린이의 순수한 세계에 다가가 공감하는 동화는 최고의 동화다. 이를 위해서 문장을 쓸 때 따뜻함을 항상 가지고 있어야 한다.

11. 헤밍웨이는 『노인과 바다』로 노벨문학상을 받았는데, 그 작품을 집필할 때 200회 이상을 고쳐 쓰면서 퇴고했다. 심지어 "모든 초고는 걸레다"란 명언을 남겼다. 수정은 언제나 동화를 쓸 때 중요한 작업임을 잊어서는 안 된다.

동화를 처음 쓰는 사람에게는 고민이 많다. 어린이 눈높이에 맞는 이야기를 끊임없이 고민해야 한다. 동화창작은 끊임없이 생각하고 습작하는 방법 외엔 왕도가 없다.

동화를 처음 쓸 때 도움을 받았던 책이 몇 권 있다. 임정진의 『동화 쓰기 특강』과 강원국의 『강원국의 글쓰기』를 즐겨 봤다. 기본기를 가르쳐 주고 또 내가 놓쳤던 부분을 이 책들은 바로 잡아 준다. 또 딘 모브쇼비츠의 『창작자를 위한 픽사 스토리텔링』에도 도움을 받았다. 동화의 구조와 드라마의 구조는 다르지만, 판타지 동화를 쓰고 싶어서 이 책을 여러 번 읽었다.

동화를 쓰고 싶은 지망생들에겐 중간에 포기하고 싶은 어떤

지점이 반드시 나타난다. 그러면 여행이나 주위에 산책하러 가라. 돌아와서 생각해 보고 다시 쓸 용기가 생기면 노트북에 앉아라. 그것에 대한 무한반복이 있을지라도 조급해하지 말고 느리게 가라고 말하고 싶다. 그러면서 재미를 느끼면 된다. 나 역시 지금 내가 동화의 끈을 놓지 않았던 건 동화와 나 자신과의 거리를 조절했기 때문이다.

9. 앞으로 내가 쓰고 싶은 책

그동안 환경 동화를 많이 썼다. 처음엔 단편으로 썼다가 아이디어가 떠오르면 이어서 장편으로 만들었다. 처음부터 단편 동화를 많이 썼던 건 습작 시간을 충분히 가지고 싶다는 이유에서다. 어느 정도 단편 동화의 구조가 익숙해졌을 때 좀 더 길게 써보기로 했다. 여러 가지 주제를 다루었다. 동화를 쓸 때는 무엇을 써야겠다는 계획이 없다. 캐릭터가 먼저 떠오를 때도 있고, 어느 날 배경이 먼저 떠오를 때도 있다. 나는 일상 속에서 이야기의 무대를 발견하면 사진으로 저장해 둔다. 이 공간 안에서 벌어질 여러 가지 이야기를 상상하고 또 생각한다. 내 휴대전화 갤러리에는 공간을 찍어둔 여러 가지 장소 사진이 많다. 이곳에서 벌어질 사건을 생각하면 너무 즐겁다. 이야기가 먼저 떠오를 때도 있다. 그럴 때는 주제의 윤곽이 잡힌다. 가장 속도감이 붙고 동화를 쓰고 싶은 마음이 강렬해진다. 잊어버릴 것 같아 수첩에 메모해 둔다.

가능하면 여행도 많이 가고 싶다. 여행지에서 본 장소나 인물 혹은 사건을 메모하는 것이 즐겁다. 그렇지만 쓰고 싶은 동화가 특별히 없는 것은 아니다. 4, 5학년 대상의 성장 동화를 쓰고 싶다. 일인칭 시점의 심리 동화로 보면 되겠다. 삼인칭 시점으로 여자아이들의 친구에 관련된 동화도 쓰고 싶다. 그동안 저학년 위주의 동화를 썼다면 이젠 스펙트럼을 넓혀 아이들의 고민인 가족, 우정, 이성 문제, 꿈을 향해 노력하는 아이들의 이야기와 같은 생활동화를 쓰고 싶다. 아직 갈 길은 멀다. 동화작가는 정년도 없고 명예퇴직도 없다. 나이도 제한이 없다. 그만두기는 쉽지만 시작하기도 만만치 않다. 나는 줄을 타는 곡예사의 아슬아슬한 마음이 되어 늘 상상한다. 힘들고 지친 세상, 동화라는 판타지에 머물러 내가 창조해 낸 세상에서 뛰어놀고 싶지 않은가? 나는 그래도 여러분에게 말해 주고 싶다. 지금이 가장 동화를 시작하기 좋은 시기라고 말이다.

「텃밭에서 만난 이야기들」

김현정

1. 나의 동화 입문기

삶은 계획대로만 흘러가는 것이 아니라고

내 직업이 처음부터 동화작가는 아니었다. 결혼 후 약 10년간 직장생활을 이어가며 워킹맘으로 지냈다. 남편과 함께 열심히 일해 돈을 모으고, 그 돈으로 집을 마련하고 부자가 되고 싶었다. 그래서 친정엄마에게 아이를 맡기고 회사와 집을 쳇바퀴 돌 듯 오갔다. 그렇게 시간이 흘렀고, 어느덧 아이는 유치원을 졸업하고 초등학교 입학을 앞두고 있었다. 그때 문득 '내 아이는 엄마와 함께한 유년 시절을 어떻게 기억할까?'라는 생각이 스쳐 지나갔다. 왜 그 생각이 그 순간에 들었는지는 지금도 잘 모르겠다.

퇴사를 결심했을 때, 주변 사람들은 모두 내 선택을 말렸다. 이제까지 힘들게 버텨왔는데 왜 갑자기 그만두고 아이를 돌보려 하느냐며 의아해했다. 하지만 나는 내 아이를 내 손으로 키워보고 싶다는 단 하나의 이유로 퇴사를 결심했다. 지금도 그 선택을 후회하지 않는다. 전업주부로서 아이와 시간을 보내면서 내 아이를 잘 몰랐다는 것을 깨달았다. 내가 아이에게 하는 말은 온통 잔소리였고, 아이와 부딪히는 일만 늘어났다.

그때 나는 나를 돌아보고 위로하기 위해 일기를 쓰기 시작했다. 글을 쓰다 보니 점점 더 글쓰기에 흥미가 생겼고, 특히 아이와의 갈등을 풀어내기 위해 아이가 잔소리라고 느끼는 내 생각을 이야기로 만들어 보면 어떨까하는 생각이 들었다. 그렇게 나는 동화를 쓰기 시작했고, 그것이 바로 동화작가로서의 첫걸음이 되었다.

돌이켜 보면 아이와 함께 유년 시절의 즐거운 추억을 쌓기 위해 전업주부가 되었는데, 아이와의 소통은 쉽사리 해결되지 않았다. 겉으로 드러나지 않았던 아이와의 갈등을 하나씩 해결해 나가려고 노력했던 시간과 글쓰기를 위해 행했던 노력은 나를 변화시키기 시작했다.

아이를 대할 때에는 한 걸음 물러서서 바라보아야 한다. 왜냐하면 아이는 내가 아닌 또 하나의 인격을 갖춘 타인이기 때문이다. 그러한 인식 변화는 아이를 키우는 엄마로서뿐만 아니라 나 자신이 앞으로 무엇을 하고 살아갈 것인가에 대한 고민도 하게 만들었다.

누군가 말했다. 삶은 계획대로만 흘러가는 것이 아니라고. 그래서 때로는 잠시 멈추고 되돌아보아야 한다고. 그래야만 새로운 길이 보일 거라고. 적어도 그때 내게 보였던 길은 동화작가로서 길이었다.

2. 동화 쓰는 아이디어 원천

밭에서 만난 동화의 씨앗

나는 일주일 중 절반 이상을 텃밭에서 보낸다. 여름에는 해가 뜨기 전에 잡초를 뽑아야 하기에 새벽 일찍 나서고, 다른 계절에는 주로 오전에 다녀온다. 내가 사는 집은 도시 외곽에 있지만, 텃밭은 그보다 좀 더 외곽에 있어서 가는 길이 언제나 고요하다. 특히 한여름, 더위를 피하려고 새벽에 차를 몰고 텃밭으로 향하면 사방은 적막에 잠긴다. 그런 고요함을 즐기며 텃밭에 도착하면, 가장자리에 서 있는 벚나무 한 그루가 나를 맞이한다. 까치들은 나뭇가지에 앉아 쉬다가 내가 다가오면 마치 자신들의 영역을 침범했다는 듯이 깍깍댄다.

그런데 어느 날부터 길고양이 몇 마리가 눈에 띄기 시작했다. 노란 얼룩무늬 고양이와 까만색과 흰색이 섞인 고양이들이 종종 보였다. 그들의 건강 상태가 좋지 않아 보였다. 집에서 고양이를 키우고 있었기에 그 모습이 더 선명하게 다가왔던 것 같다. 그래서 나는 길고양이들에게 물과 사료를 챙겨주기 시작했다. 그러자 배고픈 길고양이들과 까치 사이에 사료 쟁탈전이 벌어졌다.

평소에 나는 까치가 나무나 밭에서 벌레 잡아먹는 모습을 많이 보아왔다. 그래서일까? 왠지 길고양이에게 더 마음이 가게 되었다. 그들의 사료 쟁탈전에서 나는 살짝 길고양이 편을 들었다. 이 경험에서 영감을 받아『수염 없는 고양이』를 쓰게 되었다. 사료는 사람들이 버린 음식물 쓰레기로 바뀌고, 길고양이들은 이야기 속 캐릭터가 되었다. 주인공 고양이 카얀은 더 이상 사냥하지 않아도 되는 집고양이로 설정되었고, 사람 곁을 떠나지 않는 까치에게는 새로운 옷이 입혀졌다. 이 작업을 마친 후 나는, 우리가 함부로 버리는 쓰레기 때문에 환경이 훼손되고 그로 인해 고통받는 동물들에 관한 이야기를 쓰기 시작했다.

욕설 속에 담긴 마음의 흔적

놀이터에서 들려오는 욕설에 깜짝 놀라 뒤를 돌아보았다. 초등학생들이 모여서 놀고 있었다. 싸우는 것처럼 보이진 않았지만, 그들은 마치 욕설이 일상인 듯, 특별한 감정 없이 무의식적으로 욕을 내뱉고 있었다. 순간 아이들에게 "욕을 하면 안 된다"라고 말하고 싶었지만, 그것이 지나친 행동 같아 그냥 가던 길을 걸어갔다. 그러나 내 마음은 여전히 욕을 하는 아이들에게 머물러 있었다. 왜 저 아이들은 서로 욕을 주고받는 걸까? 공부로 인한 스트레스가 너무 커서 화와 좌절감을 욕으로 표출하는 걸까? 이런 복잡한 생각들이 떠오르다 보니, 나의 경험이 생각났다.

"어휴, 이놈의 새끼!"라는 말을 아들에게 했던 기억이 떠올랐다. 당시 아들은 초등학생이었는데, 왜 자기를 욕하느냐며 나를 비난했다. 나는 미워서 욕한 것이 아니라고 설명했지만, 아들의 눈에는 눈물이 가득했다. 결국, 나는 무조건 잘못했다고 사과했다. 그 이후로는 그런 말을 입에 담지 않게 되었다.

그 당시 나는 아들을 비난하거나 공격하려고 그런 표현을 사용한 것이 아니라, 일종의 강한 친밀감의 표현이었다. 내가 자라온 문화에서는 그 정도의 욕설은 관용적 표현으로 받아들여졌기에 그 말이 아이의 마음에 상처를 줄 수 있다는 것을 미처 생각하지 못했다.

그러고 보니 나도 저 아이들과 다를 바 없구나! 내가 욕할 때는 그게 상대에게 상처가 될 거라는 생각을 못 하면서, 남이 욕할 때는 그게 문제라고 생각하는 자체가 모순이라는 깨달음을 얻었다. 이런 깨달음들은 내 동화의 씨앗이 되었다.

3. 동화작법

동화는 창작이다. 이 세상에 없던 이야기가 탄생하는 거다. 그런 의미에서 나는 내 동화가 완성되면, 마치 내 아이가 한 명 태어난 것처럼 기쁘다. 그 아이가 예쁘게 생겼든 못생겼든 아니면 재능이 있든 없든 내 아이라는 이유만으로 사랑할 수밖에 없는 그런 마음으로 동화를 바라본다.

하지만 동시에 내 이야기가 독자들 마음속에서 재탄생하기를 바라기 때문에 동화를 창작하는 과정에서 늘 애를 먹는다. 그래서 제일 처음 동화를 구상할 때 준비운동처럼 생각하는 세 가지 원칙이 있다.

주제

첫 번째는 주제다. 글을 짓기 전에 제일 먼저 고민하는 것은 '독자가 내 이야기를 통해 어떤 감정을 느끼고, 어떤 생각을 하게 될까'라는 질문이다. 이를 통해 주제가 자연스럽게 설정된다. 예를 들어, 『수염 없는 고양이』의 수록작 「어느 여름밤의 소동」은 '사람들이 만든 인공 빛이 동식물에 심각한 피해를 주고 있다.'라는 주제를 설정한 후 쓴 판타지 단편 동화이다. 나는 독자들이 이 주제를 어떻게 받아들일지 끊임없이 고민했다. 왜냐하면 주제는 독자의 마음에 닿아 그들의 생각을 바꾸거나, 어떤 행동으로 이어질 수 있는 씨앗이기 때문이다.

소재

두 번째는 소재다. 주제를 정하면 그에 맞는 소재를 고민하게 된다. 주제를 잘 살릴 수 있는 소재는 무궁무진하다. 예를 들어, 「어느 여름밤의 소동」은 '가로등, 자동차의 전조등, 건물이나 집안의 전등이 동식물에 미치는 피해'라는 주제를 다룬다. 이 주제를 표현하기 위한 소재로, 인공 빛에 고통받는 박쥐와 바다거북을 선택했다. 이 동물들의 이야기를 통해 메시지를 쉽게 공감할 수 있다. 소재는 주제를 더욱 생동감 있게 전달하는 중요한 도구이다.

사건

세 번째는 사건이다. 이야기는 사건의 연속이다. 사건에는 중심 사건과 여러 작은 사건들이 서로 긴밀하게 연결되는데, 모든 사건은 하나의 주제를 향해서 연결되어야 한다. 예를 들어, 가로등 불빛을 달빛으로 오해한 바다거북이 새끼가 바다를 향해 가는 것이 아니라, 도로 한복판으로 가는 사건을 중심에 두고, 그를 도와주려는 박쥐와 사람들의 작은 사건들이 서로 얽혀 주제를 강화할 수 있다.

다만 그런 사건들은 대부분 작가의 경험과 생각에서 나온다. 이때부터 나의 고민이 커진다. 왜냐하면 그 사건들이 작가의 경험이나 생각 속에서만 머물지 않고 독자의 마음에도 닿아야 하기 때문이다. 독자는 자기 경험과 연결해 그 사건을 이해하고, 그 사건을 통해 더 깊은 감정을 느끼게 된다.

이렇게 동화 쓰기를 위한 준비운동이 마무리되면, 내 마음속에서 시끄럽게 떠들어대는 소리에 귀를 기울인다. 그러다가 이야깃거리들이 어느 정도 갈무리되면, 그것들을 동화적인 문장으로 형상화하기 위해서 나만의 운동화를 찾아 신는다. 왜냐하면 동화의 주 독자인 어린이들과 눈높이를 맞추며 함께 달리기 위해서다. 나 혼자 신나서 달려도 안 되고, 너무 느려서 독자가 지루해해서도 안 된다. 그래서 나는 늘 책상 앞에 붙여두고 마음에 새기는 문구가 있다.

어려운 한자나 추상적 의미를 포함한 단어는 피하라.

나는 동화를 쓸 때 어려운 한자나 추상적 의미를 포함하고 있는 단어는 될 수 있으면 피한다. 왜냐하면 이해하기 쉬운 문장으로 이야기를 전개하거나 상황을 묘사해야만 어린이 독자가 공감하기 쉽기 때문이다. 그러나 막상 글을 쓰다 보면 중심 독자들이 이해하기 어려워하는 단어를 쓰는 경우도 종종 있다. 가령, 나의 단편 동화 「여우 나팔」 중에는 '포효'라는 단어가 나온다. 초등학교 2학년 어린이 독자는 전체 줄거리는 이해할 수 있는데, 문장 속에 나온 '포효'란 단어가 어렵다고 했다. 마침 그곳에 4학년의 어린이가 있어서, 동생에게 그 단어 뜻을 설명해 줄 수 있냐고 물었더니 그 아이는 "큰 목소리로 '으르렁'하고 소리를 내는 거"라고 했다. 이처럼 동화 속 문장은 중심 독자들의 어휘력을 고려하여 문장을 써야 하는데, 10여 년간 동화를 써 왔음에도 불구하고 늘 어휘의 선택은 가장 어렵다.

가치중립적인 표현을 사용하라.

동화는 어린이 독자를 위한 글이므로 간단하고 가치중립적인 표현을 사용해야 한다. 이렇게 하면 어린이 독자들이 창작된 이야기에서 나오는 정보라 할지라도, 사실을 객관적으로 받아들일 수 있기 때문이다. 예를 들어, '플라스틱은 환경에 매우 나쁜 영향을 미치므로 절대 사용하지 않아야 해요.'라는 문장은 작가의 주관적인 견해가 들어간 문장이다. 예시 문장을 '플라스틱 사용은 환경에 여러 가지 영향을 미칠 수 있습니다.'라는 문장으로 바꾸면 가치중립적인 표현이 된다.

어린이 판타지 동화, 어떻게 쓸 것인가?

지금까지 동화를 쓰기 위해 준비운동을 하고 운동화도 갈아 신었다면, 이제 본격적으로 달려볼 때다. 마라톤 선수들이 트랙을 따라 달리듯, 동화 쓰기에도 플롯(구성)이라는 트랙이 있다. 기본적인 서사 구조를 따라야 이야기가 자연스럽게 진행되고, 독자들이 몰입할 수 있기 때문이다. 판타지 동화를 쓸 때는 장르의 특성과 독자의 연령에 맞는 몇 가지 규칙을 고려해야 한다. 나는 『안녕, 메타버스』에서 이러한 규칙들을 녹여 냈다.

첫째, 세계관 설정이다. 『안녕, 메타버스』는 판타지와 디지털 세계의 융합을 통해 독특한 경험을 제공하려 했다. 현실과 디지털세계가 연결된 이 세계에서, 골든리트리버 벅스가 두 세계를 넘나드는 역할을 한다. 주인공 강호는 우연히 이 세계에 들어가 모험을 시작하고, 가족의 품으로 돌아가기 위해 고군분투한다.

둘째, 캐릭터의 성격과 성장을 보여 주는 것이다. 강호는 쉽게 화를 내고 욕설로 감정을 표출하는 성격이다. 벅스를 흑치에게 팔아넘기는 실수를 한 후, 자신이 잘못된 결정을 내렸음을 깨닫고 성장하게 된다. 이를 통해 어린이 독자들에게 도덕적 갈등과 선택의 중요성을 전달하고자 했다.

셋째, 상상력과 현실성의 균형을 맞추는 것이 중요하다. 판타지적 요소가 가득하지만, 캐릭터의 감정과 행동은 현실적이어야 한다. 『안녕, 메타버스』에 등장하는 흑치의 욕망, 강호의 죄책감 등은 현실과 맞닿아 있어야 독자들이 공감할 수 있다. 디지털 세계는 현실을 초월할 수 있지만, 여전히 중요한 것은 현실에서 중요하게 여기는 가치, 즉 사랑, 용기, 책임 그리고 연대감 같은 인간적인 가치들이 핵심이 된다. 이러한 가치들을 판타지 동화에서 전달하려 했다.

넷째, 명확하고 쉬운 표현을 사용해야 한다. 어린이 독자에게는 복잡한 설명보다 이해하기 쉬운 글이 필요하다. 특히 새로운 개념이나 마법을 설명할 때는 간결하게 표현하여 독자가 스스로 상상할 여지를 남기는 것이 좋다.

4. 출간 후 독자와의 만남 에피소드

부산 벡스코 전시관에서 제1회 '북앤콘텐츠페어'가 열렸다. 전시 주최 측은 관람객을 위해 다양한 장르의 작가들에게 강연을 요청했는데, 나도 그중 한 명의 초청 작가로서 참여하게 되었다. 그리고 출판사와 함께 올해 출간한 동화책을 홍보하는 이벤트에도 참여하게 되었다.

간이 의자들이 줄지어 놓인 공간에는 벌써 많은 청중이 자리를 잡고 있었다. 약간 긴장한 채, 준비된 의자에 앉아 잠시 청중들을 바라보았다. 나는 숨을 크게 들이쉬며 밀려오는 긴장감을 몰아냈다. 그리고 이 강연이 청중과 의미있는 소통을 할 수 있는 시간이 되기를 바라며, 내가 전하고자 하는 이야기를 마음속에서 가다듬었다. 그리고 사회자에게 준비가 되었음을 알렸다.

내 이야기는 천천히 독자들에게 다가가기 시작했다. 그리고 마침내 강연에 대한 질의응답 시간이 다가오면서, 그들의 마음이 내게 닿을 순간이 찾아왔다. 나는 두근거리는 마음으로 기다렸다. 그때, 30대 정도로 보이는 여성이 손을 들고 질문했다. "동화 속에 관용 표현이 많던데, 아이들에게 어려울 수 있는 이런 표현을 쓴 이유가 있나요?"라는 질문이었다. 나는 다양한 언어 표현의 중요성을 설명했다. "관용 표현은 소통을 풍부하게 만들어 주는 언어의 재료입니다. 다양한 재료로 맛있는 음식을 만들듯, 아이들에게 다양한 언어 표현을 소개하고 싶었습니다." 내 대답에 질문자는 고개를 끄덕였다. 그 순간, 나는 문학을 매개로 독자와 가치 있는 소통을 이루어 냈다는 성취감을 느꼈다. 그때의 긍정적인 에너지는 내게 오래 기억될 것 같다.

그날, 도서전 전시관에는 아이들 손을 잡고 온 학부모들이 많았다. 출판사는 책 표지에 있는 만화 컷을 인쇄해서 아이들이 색칠할 수 있는 이벤트를 준비했다. 아이들은 자신이 좋아하는 색으로 고양이 도안을 색칠하고 스티커로 꾸미며 즐거워했다. 한 아이가 열심히 색칠하더니, 엄마에게 자기가 원하는 문구를 적어달라고 부탁했다. 아직 글을 배우지 않은 모양이었다. 나는 호기심에 엄마가 적는 글을 엿보았다.
'비가 와도 냥이는 꾸준히 책을 읽고 있어요.'
분홍색 리본 스티커가 비처럼 내리고 있는 고양이 그림이었다. 아이는 자신이 색칠한 고양이 도안을 품에 안고 환하게 웃으며 엄마와 함께 사진을 찍었다. 그 모습을 보며 나는 상상을 했다. '봄비가 보슬보슬 내리는 날, 엄마는 아이와 함께 책을 읽고 있다. 창문 밖에는 봄비가 흩날리지만, 아이는 엄마의 따스한 체온과 부드러운 목소리에 안정감을 느끼며 이야기 속에 빠져 있다.' 즐거운 상념 속에서 나는 나에게 질문했다. 저 아이는 오늘 이 순간을 어떻게 기억할까? 혹시 내 책이 이들 모자에게 이야기 이상의 무언가를 전달했을까?
그때 한 아이가 색칠한 그림을 보고 깜짝 놀랐다. 그 아이는 검정으로만 고양이를 색칠했고, 심지어 배경까지 검정으로 꽉 채웠다. 내 머릿속으로 불안한 생각이 몰아쳤다.
'왜 이 아이는 다른 아이들처럼 다양한 색을 선택하지 않았을까? 하필이면 왜 검정일까? 혹시 이 아이의 생활에 우울한 요소가 있는 걸까?'
나는 여러 가지 생각을 누르고 조심스럽게 아이에게 질문했다.

"친구야, 너는 왜 검정으로만 고양이를 색칠했어? 배경까지도 검정이네."

아이의 대답은 간단했다.

"이 고양이는 밤에 책을 보고 있어요."

그제야 고양이 머리 위에 조그맣게 떠 있는 노란 달이 보였다. 나는 아이에게 엄지손가락을 치켜세워 주며 속으로는 부끄러움을 느꼈다. 만약 내가 "색칠은 다양한 색으로 하면 더 예쁘단다. 다른 색으로도 색칠해 보렴."이라고 말했다면 어떻게 되었을까? 그 아이는 자기만의 창의적인 표현을 포기하고 다른 색으로 칠하게 되었을지도 모른다.

'아, 아직도 멀었구나.'

나는 그 순간 깨달았다. 동화작가로서 아이들의 행동에 대한 선입견을 버리고, 그들의 창의적인 표현을 존중하며 다양한 해석 가능성을 열어두는 것이 앞으로 내가 나아가야 할 길임을 다시 한번 마음에 새겼다.

5. 동화 쓰기를 위한 체력 비결

텃밭에서 얻은 쉼표

손끝에서 흘러나오는 글자는 머릿속에서 오랫동안 품고 있던 생각의 조각들이다. 글을 쓰기 위해 책상에 앉아 있는 시간은 마치 마라톤을 뛰는 것과 같다. 한 문장을 써내기 위해서는 끝없는 집중과 의지가 필요하다. 그런데 이렇게 책상 앞에서의 '마라톤'을 마친 후에 나를 다시 활기차게 해 주는 것은 의외로 텃밭이다. 굳은 땅을 맨손으로 일구고, 씨앗을 심으며 흙냄새를 맡을 때, 피로했던 눈과 어깨의 뻐근함이 조금씩 풀린다.

작가들은 오랜 시간 같은 자세로 앉아 글을 쓰는 사람들이다. 그렇게 오래 앉아 있으면 목과 어깨, 허리에 통증이 찾아오고, 눈은 점점 피로해진다. 그래서 운동의 '운' 자도 싫어했던 내가 찾은 해결책은 바로 텃밭 농사였다.

텃밭에서 주로 키우는 작물은 상추, 쪽파, 마늘, 대파 등이다. 밭에서 키우는 상추는 봄에 파종해서 한여름까지 먹을 수 있는데, 상춧잎을 따지 않고 그대로 두면 상추 꽃대가 올라오는 모습을 볼 수 있다. 시장에서 늘 상춧잎을 사 먹기만 하다가 직접 보게 된 상추 꽃대는 신선한 감상을 주었다. 비단 상추뿐만이 아니다. 텃밭 농사를 시작하면서 알게 된 또 하나의 사실은 채소들이 예쁜 꽃을 피운다는 것이다. 특히 부추꽃은 안개꽃처럼 아름답고, 고구마 꽃은 나팔꽃이라고 해도 믿을 만큼 비슷하게 생겼다. "채소들이 이렇게 예쁜 꽃을 피우는지 몰랐어요."라며 내가 감탄하면, 농사를 가르쳐준 이웃 할머니들이 웃으며 말씀하신다. "채소도 꽃을 피워야 열매를 맺지. 감자꽃이나 고추꽃도 얼마나 예쁜데." 그 말을 듣고 가만히 생각해 보니 정말 옳은 말씀이었다.

　나는 그렇게 나의 채소에 물을 주고 잡초를 뽑아주며 건강한 식재료를 수확하고, 덤으로 그들의 예쁜 꽃도 감상한다. 그리고 방금 밭에서 수확한 상추나 대파를 들고 이웃 할머니네 문을 두드린다. "아휴, 이 귀한 걸 뭐 하러 가져왔어. 그래도 고마워."라며 함박웃음을 터뜨리는 이웃 할머니의 얼굴을 보면, 잔뜩 긴장하고 뭉쳐있던 내 어깨가 저절로 펴지는 느낌이 든다. 그렇게 한 해 한 해 지내다 보니, 텃밭 농사는 단순히 먹을거리를 기르는 것에 그치지 않고 부족했던 나의 신체 활동을 보충해 주었다. 또한 이웃과 나누며 함께 웃고 이야기할 기회까지도 제공해 준다는 사실을 깨달았다.

6. 동화작가로 사는 삶의 변화

한 아이의 엄마에서 작가로 변신하다

내 아이는 호기심이 많아서인지 책 읽기를 좋아했다. 하지만 학교에서 친구 사귀는 데는 어려움을 겪었다. 그러던 어느 날 담임 선생님에게 연락이 왔다. 내 아이가 노는 시간에 친구들과 놀지 않고 운동장 벤치에 드러누워 하늘만 본다는 거였다. 그 당시 나는 '그럴 수 있지'라고 생각했다. 아이라고 해서 모두 운동장을 뛰어놀아야 하는 건 아니라고. 멍때리는 시간도 필요하고, 나 역시 어릴 때 그런 적이 많았다. 그래도 나는 지금 멀쩡한 어른으로 성장했다. 그러니 내 아이의 그런 행동을 유심히 봐주신 것은 감사하지만, 걱정할 필요까지는 없다고 선생님께 내 의사를 전했다.

그 당시 선생님으로부터 전해 들은 내 아이의 행동에 대해 고민이 아예 없었다고 말하지는 못하겠다. 왜 내 아이는 다른 아이들처럼 친구들과 함께 놀지 않았을까? 그날 하늘이 예뻤나? 아니면, 같이 놀 친구가 없었을까? 갖가지 생각이 들었다. 그 후, 나는 학교 행사에 적극적으로 참여하고 봉사하면서 같은 반 엄마들을 사귀었다. 그리고 나서야 내 아이는 소위 말하는 엄마 친구 아이들과 어울려 놀기 시작했다. 내 아이가 친구들과 어울려 놀기 시작한 것이 나의 노력 덕분인지, 아니면 엄마 친구 아이들이 좋아져서 놀기 시작한 건지는 아직도 모르겠지만, 나는 아이들 관점에서 '친구 사귀기'라는 주제를 생각하기 시작했다. 그렇게 해서 탄생한 이야기가 판타지 동화 『날개 달린 고양이의 비밀』이다.

이 동화는 주인공 오색딱따구리 딱따와 오목눈이 금강이 우정을 찾아가는 이야기를 담고 있다. 이야기 속에서 딱따는 부모를 잃고 외롭게 살아가다가 '나무 인형 새'를 친구로 생각하며 지냈다. 그러다가 이 나무 인형 새가 진짜 새가 되어서 자기만을 좋아하는, 자신만을 위한 친구가 되면 얼마나 좋을까? 라는 생각에 빠지게 된다. 그런 생각에 몰입하던 딱따는 뻐꾸기와 부엉이의 속임수에 빠져 위험에 처한다. 하지만 금강의 진심 어린 우정 덕분에 위험에서 구출된다. 결국, 딱따는 진정한 친구의 가치를 이해하고 금강과 진짜 우정을 나누게 된다는 이야기다.

이 동화를 쓰면서 아이들이 어떤 상황에서 친구에게 우정을 느낄지 너무 궁금했다. 그래서 초등학교에 다니는 아이들에게 물어보기도 하고, 조카나 그의 또래 친구들에게도 질문해 보았다. 아이들은 '내가 어려움에 부닥쳤을 때 나를 도와주는 친구, 놀이터에서 하루 종일 놀아도 지루하지 않은 친구, 나의 비밀을 알고 있지만 절대로 남에게 말하지 않는 친구'에게서 우정을 느낀다고 했다. 아이들의 이야기를 들으며, 단순히 내 아이나 독자에게 전하려는 메시지를 넘어서, 나 자신이 우정을 어떻게 생각하는지 깊이 고민하게 되었다. 그러한 고민의 결과로 동화가 탄생했고, 독자들이 우정을 겉모습이나 조건이 아닌 진정한 배려와 신뢰에서 찾기를 바라는 내 마음에 공감해 주기를 바랐다. 이 동화가 출간되었을 때, 나는 동화를 통해 어린이 독자에게만 메시지를 전한 것이 아니라, 내가 이미 다 알고 있다고 느꼈던 우정의 의미를 다시금 깨닫게 되었다는 걸 알게 되었다.

현재를 온전히 느끼고 배우며 살아가다

동화를 쓰다 보면 예상치 못한 주제에 관심을 가지게 되는 경우가 많다. 그중 하나가 바로 '메타버스'였다. 2020년 코로나19 팬데믹 이후 비대면 환경이 확산하면서 메타버스에 관한 관심이 폭발적으로 증가했고, 나 역시 새로운 시대적 흐름에 발맞춰 가상의 공간을 배경으로 동화를 써 보고 싶었다. 하지만 메타버스라는 개념은 너무나 생소했기 때문에, 그 세계를 이해하고 배워 가는 과정이 필요했다.

내가 공부한 메타버스는 디지털 데이터로 이루어진 가상공간이다. 이곳에서 이용자들은 자신의 자아를 투영한 아바타를 만들어 상호작용을 한다. 로블록스나 제페토 같은 가상 세계 플랫폼이 대표적인 예이다. 인터넷상의 설명만으로는 제대로 이해하기 어려워, 나는 직접 네이버의 제페토라는 플랫폼에 가입해 아바타를 만들고, 다른 아바타들과 채팅도 해봤다. 동화를 쓰지 않았다면, 이런 새로운 변화에 관심을 두지 않았을지도 모른다. 이 과정을 통해 『안녕, 메타버스』가 탄생했다.

어린 시절 내가 즐겨 읽었던 동화는 주로 세계 명작 동화였다. 당시 나에게는 전래동화보다 새로운 세계를 보여 주는 세계 명작 동화가 훨씬 흥미롭게 다가왔지만, 이제는 직접 동화를 쓰는 입장이 되면서 아이들이 처음 접하는 이야기가 그들의 현실과 더 밀접하게 연결되어 있어야 한다고 생각하게 되었다. 특히 우리나라의 문화와 정서를 담은 이야기는 아이들에게 더 큰 공감과 정서적 안정감을 줄 수 있다고 믿는다.

그래서 나는 메타버스라는 새로운 기술적 배경으로 현실 속 가족 간의 소통을 다룬 동화를 썼다. 시대의 변화를 반영하면서도, 우리의 문화적 뿌리를 잊지 않고 연결하려는 시도가 내 글의 핵심이다. 만약 나의 동화가 아이들의 정서적 성장에 조금이라도 기여할 수 있다면, 나는 그 순간 현재를 온전히 살고 있음을 느낄 수 있을 것이다.

7. 동화 쓰기 지망생에게 하고 싶은 말

동화 쓰기는 요리하는 것과 같다

작가와의 만남을 다니다 보면, 동화를 쓰고 싶어 하는 사람들을 종종 만나게 된다. 그들은 내게 묻는다.

"동화를 잘 쓰려면 어떻게 해야 하나요?"

그럴 때마다 나는 '동화 쓰기는 요리하기와 비슷합니다.'라는 말로 시작한다. 동화는 어린이 독자를 염두에 두고 글을 쓰는 작업이고, 요리는 그 음식을 먹을 사람을 생각하며 준비하는 작업이다. 얼핏 보면 전혀 다른 활동처럼 보이지만, 좋은 작품을 읽고 정신을 살찌우는 것과 맛있는 음식을 먹고 몸을 건강하게 하는 것이 서로 연결된다는 점에서 비슷하다. 동화 쓰기와 요리는 모두 대상에 대한 사랑에서 시작되고, 훌륭한 완성품을 만들기 위해 창의성과 치밀한 계획이 필요하다.

예를 들어, 스테이크를 요리할 때 신선하고 좋은 고기를 준비하고 적절한 조리 기구를 사용하여 조리대에 올려놓듯이, 동화를 쓸 때도 이야기의 소재, 매력적이고 생동감 있는 캐릭터, 흥미로운 배경을 내 마음속 조리대에 올려놓는다.

본격적으로 고기를 굽기 시작하면 요리를 먹는 사람의 취향에 맞춰 스테이크의 굽기 정도를 고민하게 된다. 왜냐하면 굽기의 정도에 따라 맛과 질감이 확연히 달라지기 때문이다. 바짝 구운 스테이크는 겉이 갈색이나 거의 검은색에 가까워지면서 딱딱해지지만, 속은 조금 더 익은 맛이 나고 씹는 즐거움이 있다. 반면, 살짝 구운 스테이크는 가운데가 분홍색을 띠며 고소한 육즙이 많이 남아 고기 본연의 맛을 느낄 수 있다. 재료를 어떻게 조리하느냐에 따라 요리의 맛이 달라지듯, 동화에서도 플롯(이야기의 구조)과 사건의 전개 방식에 따라 독자의 몰입도가 달라진다.

또한, 요리사는 스테이크를 만들 계획을 세운 뒤 자신만의 독특한 향신료나 양념을 더 해 특별한 맛을 낸다. 동화 쓰기에서도 마찬가지로, 작가는 플롯과 사건을 기획한 뒤 자신만의 문체와 단어 선택을 통해 이야기를 풀어간다. 이는 이야기의 분위기와 감정 전달에 큰 영향을 미친다.

마지막으로, 완성된 요리가 테이블 위에 오르는 순간이 오듯이, 동화 역시 마침내 독자 앞에 놓이는 순간이 찾아온다. 요리사가 손님의 반응을 궁금해하듯, 작가도 독자가 자신의 이야기를 어떻게 받아들일지 설레는 마음으로 기다린다. 그리고 좋은 반응이 돌아왔을 때, 요리사와 작가 모두 깊은 기쁨과 성취를 느낀다. 완성된 요리가 단순히 배를 채우는 것을 넘어 감동을 선사하듯, 잘 쓰인 동화는 단지 이야기를 들려주는 것을 넘어 어린이 독자의 마음속에 오래 남는 울림을 남긴다.

그래서 나는 매일 스스로에게 다짐한다.

'최고의 요리를 만들기 위해 정성을 쏟듯, 동화 쓰기에도 온 마음을 다하자.'

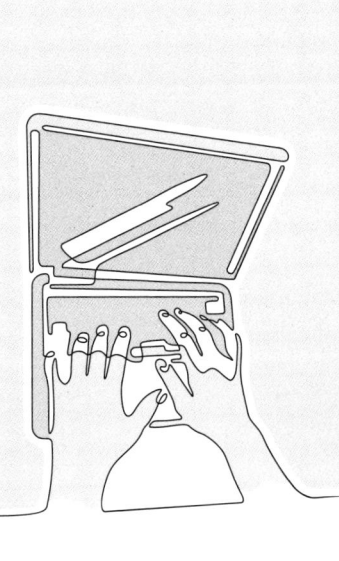

「바다 작가의 일상」

조미형

1. 바다로 돌아가고 싶어

어느 해 초여름 가족들과 바다로 밤낚시를 갔다. 밤낚시는 처음이었고, 그리 재밌지 않았다. 온통 깜깜한 바다가 무섭기만 했다. 바닥이 보이지 않는 바다는 금방이라도 괴물이 튀어나올 것 같은 시꺼먼 늪처럼 보였다. 정체를 알 수 없는 소리 때문에 더욱 더 무서웠다. 파도치는 소리조차 괴물이 움직이는 소리로 들렸다. 방파제에 부딪히는 파도가 맨다리에 튀었을 때, 흠칫 놀라 다리를 들어 올렸다. 금방이라도 물속으로 끌려 들어갈 것 같아 방파제 가운데로 피해 있었다. 바람에 날린 파도 물방울이 얼굴에 닿았는데, 그 느낌이 여름 더위를 잊을 정도로 오싹했다. 가족들은 그런 내 모습을 보고 깔깔 웃었다.

겁쟁이라는 소리가 듣기 싫었다. 용기를 내 낚싯대를 잡았고, 미끼를 끼워 까만 밤바다를 향해 던졌다. 초심자의 행운이 나에게 온 듯, 미끼가 흔들리고 묵직한 느낌에 낚싯대가 휘었다. 조심스레 줄을 감았다. 팽팽하게 당겨지는 낚싯줄에 어떤 물고기가 올라올까 하는 기대감이 차올랐다. 그러면서 밤바다가 주는 두려움이 줄어들었다. 은빛 갈치가 잡혔을까? 아니면 고등어인가? 그렇게 잠시 실랑이를 벌이다 낚싯대를 물 위로 들어 올렸다. 낚싯줄에 걸린 것은 쟁반 크기만 한 검은 덩어리, 고무 타이어였다. 농기계 바퀴 같았다. 두 번째 낚은 것은 비닐봉지였고, 세 번째는 손가락 길이보다 작은 물고기였다. 물고기를 다시 바다에 놓아주고 밤낚시를 마쳤다.

집으로 돌아오면서 월척을 하지 못한 아쉬움과 쓰레기를 낚았다는 좌절감을 느끼면서도 바닷속이 궁금해졌다. 바다에는 물고기보다 쓰레기가 더 많은 걸까? 방파제 주변만 쓰레기가 있나? 쓰레기는 어디에서 왔을까? 꼬리를 물고 이어지는 궁금함은 작고 단단한 씨앗이 되어 마음 한쪽에 자리를 잡았다.

수면 아래 깊은 바다가 궁금해서 사이언스 아카데미에 등록했다. 해양과학관 체험 활동, 박물관 탐방, 과학자 특강을 통해 미처 알지 못했던 해양환경에 대해 조금씩 알아갔다.

현장 탐방 수업으로 '부산해양자연사박물관'에 갔을 때였다. 금정산 금샘 전설에 나오는 '산갈치' 표본을 본 순간 충격을 받았다. 내 머릿속에 산갈치 울음소리가 들렸다. 표본이 된 산갈치가 '바다로 돌아가고 가고 싶어.'라고 말했다. 신기하기도 하고 놀라운 경험이었다. 누군가는 그저 상상일 뿐이라고 말할 수도 있지만, 어쨌든 그날의 충격과 산갈치가 살아서 하늘을 날아 바다로 가는 모습이 내 머릿속에서 떠나지 않았다.

심해에 사는 산갈치가 왜 금정산에 왔을까? 어쩌다가 표본이 되어 박물관에 전시되고 있을까? 바다에 무슨 일이 있나? 마음속 질문이 조금씩 커지기 시작했다. 그리고 산갈치가 사람들에게 하고 싶은 말은 무엇일까 고민하기 시작했다. 그즈음 TV에서 꿀벌이 사라지고 있으며 환경의 중요성에 관심을 가져야 한다는 뉴스를 보게 되었다.

바닷가에 사는 나는 자연스럽게 해양환경 뉴스에 눈길이 갔다. 작은 노트에 메모들이 늘어갔다. 신문을 스크랩하고, 도서관에서 해양생물, 해양환경, 과학 관련 책을 보기 시작했다. 그러다가 산갈치가 등장하는 바닷속 모험 이야기를 만들기 시작했다.

무엇이든 경험하자. 낯선 경험은 상상력의 씨앗이 된다.

2. 해양 모험 동화 『해오리 바다의 비밀』

『해오리 바다의 비밀』은 두 명의 아이가 방파제에서 밤낚시를 하다 파도에 떠밀려 바다에 빠지게 되면서 이야기가 시작된다. 슈퍼문이 뜬 밤, 날치가 수면 위로 날아오르고, 바다를 지키는 산갈치와 방파제에서 낚시하던 아이들이 만난다. 쓰레기를 먹이로 착각하고 삼킨 전기가오리가 괴물로 변해 공격한다. 파도에 휩쓸려 바다에 빠진 두 명의 아이는 산갈치의 도움으로 깊은 바다가 병들어가고 있는 모습을 보게 된다. 해양오염 원인이 사람들이 함부로 버린 쓰레기 때문이라는 것을 알게 된다. 동화 속 바다를 지키는 산갈치 알라차가 외치는 말을 살펴보자.

"바다는 쓰레기통이 아니야!"
"바다에 있어서는 안 되는 것들이 내 친구를 괴물로 만들었어.
저토록 아파하는데 아무것도 할 수 없다니."

바다로 흘러 들어가는 쓰레기가 불러일으킨 해양오염의 위험을 산갈치를 통해 알리는 동화다. 해양 모험 동화이면서 해양오염을 알리는 이 동화의 시작은 밤낚시라는 낯선 경험에서 탄생했다.
처음 써 보는 바다 이야기라 파도와 물방울, 수면, 심해, 바다

계곡, 물고기가 헤엄치는 모습을 글로 표현하기가 어려웠다. 쓰면서도 많은 고민이 있었다. 과학적으로 설명이 되는 걸까? 어디까지 사실이고 어디까지가 판타지인가? 독자들이 재밌어할까? 해양오염의 실체를 어느 정도 넣어야 할까? 썼다가 지우기를 반복했다.

동화작법을 배워본 적 없는 상태에서 머릿속에 떠오르는 이야기를 적었다. 그러다 보니 개연성이 떨어지고, 현실과 판타지 공간 구분 없는 엉성한 글이었다. 초고를 들여다보면서 어색한 부분을 수정하는 작업을 했다. 결국 조금씩 다른 아홉 가지 이야기가 만들어졌다. 방대하게 늘어난 원고를 끌어안고 어떻게 해야 할지 혼란스러웠다. 원고를 버리고 새로 쓰라는 사람도 있고, 해양오염이 그렇게 심각하지 않다, 청정해역을 모함하지 말라며 현실을 모른다고 말한 사람도 있었다. 지루하고 힘든 시간이 어느덧 5년이 흘렀다. 그사이 나는 다른 단편 소설로 신춘등단을 했다. 소설가로 활동하면서 '산갈치'는 여전히 내 마음속을 떠나지 않았다. 버리지 못하고 해마다 퇴고하고 수정하기를 반복했다. 앞이 보이지 않는 안개 속을 엎드려 기어가는 것 같은 막막한 시간이 이어졌다. 하지만 포기하지 않았다. 결국 『해오리 바다의 비밀』은 2018년 우수출판콘텐츠에 선정되어 출간까지 이어졌다.

평범한 날에 불현듯 동화 글감이 떠오르기도 하지만, 다양한 경험을 하며 아이디어를 찾는 편이다. 책과 신문을 보거나, 여행,

골목길 걷기, 오일장터 나들이, 다양한 체험 활동에 참여하는 것도 좋다. 어린이 기자들이 기사를 쓰고 질문과 답변을 하는 어린이 신문을 보면 아이들의 시선과 관심이 어디에 있는지 알 수 있다. 경험을 바탕으로 자료를 모으고 인물을 설정한 후 사건 중심으로 이야기 뼈대를 세운다. 쓰는 작업이 재밌어야 마지막 문장까지 마칠 수 있다. 계획한 대로 써지지 않을 때는 잠시 쉬었다가 방향을 다시 정하기도 한다. 무한히 뻗어나가는 상상력에 올라타서 중심만 잃지 않는다면 시작한 글은 마침표를 찍을 수 있다.

나는 바닷가 근처에 살고 있어서 바다에 자주 간다. 방파제 근처 노점에서 말린 생선을 사기도 하고, 파도를 따라 길을 걷기도 하고, 모양이 다른 등대 구경도 한다. 등대를 보고 있으면 폭풍을 만나 위험에 처한 배가 떠오른다. 길을 잃은 모험가가 등대 불빛을 따라 해안으로 돌아오는 장면도 상상한다. 깜깜한 밤바다, 등대 불빛이 스쳐 지나가는 수면에 인어가 보이고, 날치가 날아다니고, 고래가 날아오르기도 한다.

인근 나사리 바다에는 날씨가 맑은 날이면 고래를 볼 수 있다. 어느 해 여름, 나사리 해수욕장에서 헤엄을 치고, 파도를 타고 놀면서 고래를 만날 수 있을까 목을 길게 빼고 먼바다를 살폈다. 바다에서 신나게 파도를 타며 놀던 경험과 고래를 기다리던 추억으로 말미암아 자연스럽게 이야기 속에 고래를 꼭 넣어야겠다고 생각했다.

해양환경에서 고래는 매우 중요하다. 고래는 해양생물이지만 아가미가 아닌 폐로 호흡하기 때문에 수면으로 올라가서 숨을 내쉰다. 또한 활동 범위가 넓고, 수명이 길며 커다란 몸을 가지고 있어서 관찰하기 좋다. 극단적인 예를 들자면 고래가 살 수 없는 바다라면 인간도 지구에서 생존할 수 없다고 말하는 사람도 있다. 산소의 70%가 바다에서 만들어진다는 것만 생각해 봐도 해양환경이 우리 삶에서 차지하는 중요성의 무게감을 느낄 수 있다.

가끔 일이 있어 지하철을 타거나, 버스를 타고 도심으로 나갈 때가 있다. 약속 장소에 도착하면 목이 따갑거나, 몹시 피곤해서 식은땀을 흘릴 때도 있다. 그럴 때면 해풍이 불어오는 바닷가 공기가 얼마나 맑고 깨끗한지 실감한다. 주변 환경이 몸에 미치는 영향은 경험해 봐야만 알 수 있다.

환경의 중요성을 동화로 풀어내기는 쉽지 않았다. 하지만 바닷가에서 살고, 바다를 좋아하는 작가로서 꼭 다뤄야 하는 이야기가 해양환경 동화라고 생각한다. 무모하게 시작한 해양 모험 동화를 출간한 후, 동화에는 지켜야 할 규칙이 있다는 것을 알게 됐다. 동화를 읽는 독자인 '어린이'를 위한 배려와 약속 같은 것들이었다. 무엇보다 주인공이 지향하는 목표가 꿈과 희망이라는 점이 매력적이었다.

생태환경 동화의 기본 줄기는 간단하다. 과학 정보는 최소한 간결하고 짧으면서 쉽게 쓴다. 그리고 책장이 술술 넘어가게 흥미로운 사건 중심으로 이야기를 이어간다. 무엇보다 가장 중요한 점은 주인공이 목표를 향해 모험할 때 배려와 용기, 생명 존중을 깨닫고, 성장하는 이야기로 마무리해야 한다는 것이다.

관심 분야에 대한 지식을 쌓는 습관은 창작의 토대가 된다.

3. 바닷속에 들어가 봤어요?

삶이 내 뜻대로 살아지지 않는 것처럼 작가에게 글도 의지와 다르게 쓰이기도 한다. 해양환경 강연 요청이 이어지면서 초등학교 저학년이 읽을 수 있는 해양환경 책을 써 달라는 말을 자주 들었다. 눈에 보이는 바다는 넓고 깨끗하다. 그러나 바닷속에 쌓이고 떠다니는 쓰레기가 해양 생명들에게 어떤 영향을 미치는지, 쉽고 재밌는 그림동화가 필요하다는 것을 알게 됐다. 그래서 아이들이 좋아하는 노랑가오리를 주인공으로 글을 썼다. 바로 동화『배고픈 노랑가오리』다. 해양오염으로 먹이를 찾기 어려워진 노랑가오리 이야기다. 이 동화에는 해양오염, 백화현상, 수온 변화, 플라스틱 쓰레기 등을 간접적으로 담고 있다.

작가와의 만남에서 만난 아이들은 공통된 질문을 했다.

"바닷속에 들어가 봤어요? 진짜 쓰레기가 많아요?"

눈을 반짝이며 바닷속을 궁금해하는 아이들은 바닷속이 정말 쓰레기가 많은지, 고래가 비닐봉지를 먹고 죽어 가는지 알고 싶어 했다. 맑고 투명하고 반짝거리는 아이들의 눈동자를 마주하면서 나도 모르게 땀을 흘렸다.
'바닷속에 들어가 봐야 하나? 스킨스쿠버를 배워야 하나?'
고민에 휩싸여 있는데 아이들은 손을 번쩍 들고 말했다.

"쓰레기를 버리지 않을 거예요."
"일회용 물건을 사용하지 않아요."

가르치고 알려주지 않아도 아이들은 알고 있었다.

바다 지킴이

어떤 삶을 살 것인가하는 다짐은 평소에 어떤 생각을 하는가에 따라 행동으로 이어진다. 해양환경 관련 책을 출간하면서 해양환경에 관심을 가지게 됐다. 해양 쓰레기가 늘어난다는 뉴스를 접할 때마다 조금 과장됐을 거라고 생각했다. 그러다 비치코밍 행사에 참여했다. 이른 아침 해변은 한눈에 봐도 깨끗했다. 모래사장을 훑으며 쓰레기를 치우는 청소차가 일을 끝내고 모래사장에서 나왔다. 빗질한 머릿결처럼 모래사장은 깨끗했다. 바다에는 서핑을 즐기는 사람, 산책을 나온 사람들까지 여유롭고 아름다운 풍경이었다. 행사를 주관하는 센터에서 나눠주는 푸른색 조끼를 입고, 쓰레기봉투와 집게를 받았다. 서너 개 정도 주우면 끝날 것 같았다. 행사에 참여한 대략 서른 명 정도의 사람들은 흩어져 2시간 동안 쓰레기를 주웠다. 모인 쓰레기에 충격을 받았다. 50리터 종량제 봉투 3개가 넘었다. 그날 이후 나의 행동은 조금씩 변했다. 예를 들면 플라스틱 통에 담긴 샴푸 대신 고체 샴푸를 구매한다거나, 비닐봉지 사용을 줄이고 외출할 때는 텀블러를 들고 나간다. 나는 사람들이 바다에 지속적인 관심을 가지기를 원한다. 바다가 우리에게 주는 다양한 이로움을 누리기만 해서는 안 된다. 저마다 자신이 서 있는 위치에서 해양환경을 위해 할 수 있는 일을 찾아 행동하기를 바란다.

바다 관련 자료가 쌓이다 보니 자연스럽게 욕심이 났다. 논문, 책, 신문 스크랩 등으로 종이상자 다섯 상자가 넘었다. 오랫동안 모은 자료를 그냥 처분하기가 너무 아까웠다. 그래서 『바다가 걱정돼』를 출간했다. 이 책에는 해양환경 오염의 실태를 7가지로 분류하고 흥미로운 이야기를 쓰고 정보를 정리했다.

동화 속 바다는 꿈과 희망이 이루어지는 장소다. 현실에서 불가능한 일들이 바다에서는 이루어진다. 물고기들이 말을 하고,

심해어 산갈치는 바다를 지키는 '전사'로 활약한다. 이렇게 해서 내가 작품을 통해서 하고 싶은 말은, '바다는 소중하다'였다.

매일 아침 창문을 열고 바다를 본다. 반짝거리는 윤슬이 먼바다에서 해안으로 밀려오는 모습에 나도 모르게 미소를 짓는다. 바다는 바라보는 것만으로 행복이 충전되는 신비한 힘이 있다. 해양동화를 쓰면서 어느새 바다 지킴이가 되었다.

독자에게 바다 이야기를 들려주는 일은 늘 설레고 놀라울 정도로 매력적이다.

4. 물을 무서워한다

나는 유년기에 강에서 물놀이하다 죽을 뻔했던 경험이 있다. 여름에 강에서 놀 때였다. 바위 아래는 물이 깊었다. 아이들은 너나없이 바위 위로 기어올랐다. 어린 마음에 나도 멋지게 다이빙 하고 싶었다. 바위에 올라 물에 뛰어내렸는데 물속에서 잠시 기절했다. 그 충격은 오랫동안 어둠과 물에 대한 공포로 자리 잡았다. 집 근처에 수영장이 생겼을 때 주변 지인들 모두 수영을 배우기 시작했다. 나는 그 후로 3년이 넘어서야 아들 손에 등 떠밀려 수영강습을 등록했다. 수영을 배우는 과정은 하루하루가 고통이었다. 수영장 물을 찻물 마시듯 삼켜 목이 따가웠고, 수영장을 다녀오면 머리가 아파 두통약을 먹어야 했다. 50분 수영강습이 풀코스 마라톤이라도 뛴 것처럼 피곤했다. 함께 등록한 스물세 명은 기초를 배우고 한 달 만에 초급반으로 넘어갔는데, 나는 혼자 남아 어린이 전용 풀에서 석 달을 자유형만 배웠다. 물속으로 머리를 넣지 않으려는 뻣뻣한 목과, 물속 호흡을 제대로 익히지 못한 것이 원인이었다. 그렇게 매일매일 물속에서 버둥거리며 물공포증을 극복하는 데 6개월이 걸렸다. 지금은 십 년 넘게 수영을 다니고 있다. 이제는 글을 쓰느라 뭉친 근육을 풀기 위해 수영장을 찾을 정도로 물에 대한 여유를 가지게 됐다.

　나는 외출을 거의 하지 않는다. 집안을 어슬렁거리다 열 개의 화분에 물을 주고, 누렇게 시든 잎을 떼어낸다. 창틀에 팔을 걸치고 바다를 지나는 다리 위로 오가는 차량을 보거나, 파도가 밀려왔다 밀려가는 해안을 본다.

　써지지 않는 글을 붙들고 앉아 있는 것만큼 괴로운 일은 없다. 글이 술술 풀리면 행복하겠지만, 단 한 번도 술술 풀린 적이 없다. 초고는 늘 풀어헤쳐 놓은 실타래처럼 어수선하다. 글이 막힐수록 누워서 뒹구는 시간은 늘어난다. 게으름으로 스토리를 만들 수 있다고 뻔뻔하게 변명한다.

　사실 게으름의 근본은 불안감이다. 불안감을 숨기려고 느리게 움직이며 아닌 척 스스로를 속이고 있다. 이 불안감의 뿌리는 미아가 될 뻔했던 어린 시절의 사건이다. 큰언니의 말에 의하면 부산 동래구 사직동 주택가에 살 때라고 했다. 어느 날, 집안에서 두 살배기 아이였던 내가 사라져 식구들이 동네를 뛰어다녔다고 한다. 엄마와 큰언니는 미장원에서 미용사 품에 안겨 미용사를 엄마라고 부르며 안겨있던 나를 찾았다고 했다. 나는 지금도 그 이야기가 나오면 말한다. '혹시 친딸 아니고 주워 온 거야? 역시, 친부모가 따로 있구나.' 언니들은 깔깔 웃으며 말한다. 아기였던 나를 서로 데려가려는 사람들이 많았다며, 지금이라도 유전자 검사를 해 보라고 부추긴다. 나는 기억하지 못하지만, 엄마와 큰언니가 한 말만으로 미아가 될 뻔했다는 불안감이 무의식에 자리 잡아 문득문득 생각난다.

두 번째는 희미하지만, 기억이 남아있다. 부산에서의 생활을 정리하고 시골로 이사를 해서 살았던 시기다. 옆집 언니를 따라 버스를 타고 도시로 갔다가 길을 잃었다. 아마 일곱 살이었던 것으로 기억한다. 큰 다리를 혼자 건넜고, 자동차 매연 냄새가 지독했으며, 배가 몹시 고팠다. 나는 깜깜한 밤이 되고서야 누군가의 손에 이끌려 시골 동네로 돌아왔다. 나는 아버지 등에 업혀서 선잠이 들었다. 마당에 불이 환했으며, 옆집 아저씨, 아주머니와 아버지 어머니가 몹시 큰 소리로 다투는 소리를 들었다. 자다 깨다 들었던 그 소리는 벌떼처럼 왕왕거렸다. 나를 데리고 버스를 탔던 옆집 언니는 그 후로 오랫동안 나를 피해 다녔다.

옥수수가 익는 여름에는 외갓집에서 생활했다. 외갓집은 큰 도로변에 있는 기와집이었다. 뒷마당을 지나면 넓은 옥수수밭이 길쭉하게 펼쳐져 있었다. 옥수수밭 뒤에는 기찻길이었는데, 또래 아이들과 철길을 뛰어다니며 놀다가 기차가 지나가면 손을 흔들며 기차를 따라 달렸다. 그러면 열에 아홉 번은 초콜릿이나 사탕을 던져주는 사람들이 있었다. 불국사를 거쳐 경주역으로 올라가는 기차라 여행객들이 많았다.

여덟 살이었던 것 같다. 작은 외할아버지 집에서 놀다가 집으로 돌아가는 길에 도로를 건널 때였다. 도로 중간에서 나도 모르게 발이 묶였다. 누군가 내 발목을 꽉 잡아채는 느낌이었다. 그 순간 코앞에 화물트럭이 섰다. 그때까지 나는 트럭 소리를 듣지 못했고, 뒤쪽에서 나를 부르던 외사촌들의 목소리도 들리지 않았다. 얼굴을 내민 시꺼먼 얼굴의 아저씨가 입을 벙긋거렸지만, 소리는 들리지 않았다. 모든 소리가 사라져 버린 완전한 침묵이었다. 돌이켜보면 나는 코앞에서 죽음을 마주했었다.

때때로 그날의 화물트럭이 너무나 생생하게 불쑥 떠오른다. 나는 종종 익숙한 공간에서 길을 잃는다. 막막함이 덮치면 숨이 막히고, 눈앞이 어지럽게 일그러진다. 어쩌면 유년기 길을 잃었던 일들로 인해 성인이 된 후에도 무의식적으로 집 밖으로 나가는 것을 두려워하는 것 같다. 두려움을 드러내기에는 낯부끄러우니 게으름이라는 명분을 붙이고 게으른 작가 생활에 썩 만족

하며 사는 것일 수도 있다.

글을 쓰려고 앉으면 온갖 잡다한 일들이 발목을 붙잡는다. 발가락이 가렵거나, 눈이 아프기도 하고, 불쑥 누군가에게 전화를 걸고 싶기도 하고, 산책하러 가고 싶다는 충동과 연재소설을 읽고 싶기도 하고, 쓰다만 문장이 연결되지 않아 화가 나기도 한다. 몰아치는 감정에 쓰러지면 그날은 글쓰기를 포기해야 한다. 감정은 날씨에 많은 영향을 받는다. 날씨가 흐리면 종일 누워서 뒹군다. 해야 할 일을 미뤄두기 일쑤다. 그런 날은 끼니조차 건너뛴다.

햇살이 좋은 날은 기운이 난다. 몸도 가볍고 뿌옇게 보이던 눈앞이 환해지듯 단어들이 떠오른다. 글이 잘 풀리는 날은 유혹도 많다. 꽃 재배단지에 가서 제철 꽃모종을 사다 화분에 심고, 굽이진 산길을 달리다 차를 세워두고 따뜻한 커피를 마시기에도 맑은 날이 좋다. 소나무 숲길을 지나 통도사 서운암 매화나무 사이를 걷다 보면 장경각에 도착한다. 장경각 벤치에 앉아 산자락을 내려다보면 산새가 된 듯한 착각에 빠지곤 한다. 하늘에서는 길을 잃어도 아래가 내려다보이니 어디로 가야 할지 금방 찾을 수 있겠다는 안도감에 마음이 편안해진다.

내가 글을 쓰는 것은 미로 같은 삶에서 길을 찾는 거라 믿는다.

글을 쓰다가 막히거나, 아이디어가 떠오르지 않을 때면 수영장에서 수영하다가 바닥까지 잠수한다. 숨을 길게 들이쉬고 수영장 바닥에 바싹 붙어 헤엄치다 보면 머릿속이 맑아진다. 숨이 막힐 때쯤 수면 위로 올라오면 반짝 아이디어가 떠오르기도 한다. 때로는 파도가 치는 해안가를 하염없이 바라보기도 하고, 해안가 산책로를 걷기도 한다. 비워야 채워진다는 누군가의 격언을 떠올리면서 주인공들이 움직이기를 기다리기도 한다.

수영을 다니면서 또 다른 욕심이 생겼다. 언젠가 스킨스쿠버를 배워 바닷속 산호초를 직접 보고 싶다. 당장 하고 싶은데 하지 못하는 현실 때문에 계속 바닷속을 상상하고, 무모하다 싶게 바다를 배경으로 이야기를 만들고 있는 것 같다. 글쓰기가 힘들고 지칠 때도 있지만 재밌을 때가 더 많다.

밉살스러운 사람과 부딪쳤을 때면 생각한다. '독특한 캐릭터를 만났어. 바다에 보내서 태풍 치는 배에 홀로 남겨 둬야겠어. 아니면 상어 이빨에 엉덩이를 꽉 물리게 해야겠군.' 그렇게 생각하자 그 사람에 대한 부정적인 감정이 옅어지고, 마음도 편해졌다.

나는 음치다. 그림을 좋아하지만 그리는 재주는 없다. 운동도 꽝이다. 그렇다고 좌절하고 슬퍼하지는 않는다. 내가 못 하는 일, 현실을 벗어나는 모험, 하고 싶은 일을 이야기 속 등장인물을 통해 실현한다.

작가가 갖추어 할 필수 항목을 꼽으라고 한다면 체력이다. 체력이 있어야 글을 쓸 수 있는 에너지가 나온다. 아무리 뛰어난 아이디어가 있어도 모니터 앞에서 작업 할 수 있는 힘이 없다면 글을 쓸 수 없다. 때로는 온종일 의자에 앉아 키보드를 두드려야 할 때도 있다. 허리가 아프고 어깨, 목이 결리고, 두 눈이 화끈거리기도 한다. 심할 때는 속이 울렁거리기도 한다. 이 모든 고통을 견디고 이겨내야 마지막 문장을 쓸 수 있다. 그러므로 체력이 중요하다는 것을 강조할 수밖에 없다.

작가로 살아간다는 것은 짜증나고, 혼자서 자신을 괴롭히는 일이라 외롭지만, 투덜거리면서도 몇 날 며칠을 잘 논다.

혼자 있는 시간을 사랑하자!
좋아하는 일을 오래 하려면 스스로 재밌어야 한다.

5. 글쓰기의 즐거움

바다를 통해 위로받는다

작가가 되지 않았다면 어떤 모습으로 살아가고 있을까? 고백하자면 나는 감정 기복이 몹시 심하다. 주변 상황에 민감하고 스트레스를 견디지 못하고 회피하는 기질이다. 소심하고 상처를 잘 받는다. 과거에 집착하고 되새김하느라 현재를 망치기 일쑤다. 그러다 보니 머리가 자주 아프고 소화불량이 심해 외출할 때는 약을 챙겨야 안심이 될 정도다. 한마디로 송곳으로 땅굴 파는 캐릭터라고 할 수 있다.

작가 활동을 시작한 초기에 쓴 소설은 안개비 내리는 겨울처럼 어둡고 쓸쓸했다. 당시 추리소설에 빠져 있었는데, 그 영향으로 인간의 어둡고 추악한 심리에 관심이 많았다. 글은 작가의 영혼이라는 말이 있다. 미스터리 스릴러 작품에 열광하다 보니 세상을 바라보는 시선도 비관적으로 변해갔다. 어두운 글을 쓰다 보니 내 표정까지 어둡고 차갑게 굳어갔다. 친구들과 만나면 무슨 일이 있냐고 걱정스레 물을 정도였다.

그즈음 나는 진지하게 문학이 내 삶에 미치는 영향에 대해 고민했다. 북토크에서 만난 독자가 말했다. '어두운 소설은 너무 읽기 힘들다. 책을 읽고 나면 감동과 위로를 받고 싶다.' 그 말이 오랫동안 잊히지 않았다.

어느 순간 나는 독자들에게 위로가 되는 이야기를 쓰고 싶다고 갈망했다. 어둡지만 어둡지 않게, 구질구질한 삶이지만 재치있게, 비관적이지만 쿨하게 쓰고 싶었다. 힘들고 지칠 때면 바닷가를 걸었다. 해안을 따라 길게 이어진 산책로를 걷다가 다리가 아플 때면 카페에 들러 자몽 주스를 마셨다. 각얼음을 아작아작 깨 먹으며 눈앞에 밀려오는 파도를 보고, 끝을 알 수 없는 수평선을 봤다. 그러다 보면 어깨가 펴지고 마음이 풀렸다. 그즈음 쥘 베른 원저의 『해저 이만 리』를 다시 읽었다. 노틸러스호를 타고 바다를 항해하는 동안 나는 잊고 있었던 어릴 적 꿈을 떠올렸다.

꿈과 희망의 바다

내 꿈은 해적이다. 검은 깃발에 실버드래곤이 그려진 깃발을 걸고 항해에 나선다. 바람이 분다. 돛대를 펼치고 닻을 올린다. 일사불란하게 움직이는 선원들, 파도 2미터, 목적지는 해골 보물섬. 위풍당당하게 출발한 실버드래곤 깃발을 본 배들은 꽁지 빠지게 피한다. 실버드래곤은 바다의 무법자다. 하지만 규칙은 있다. 악당만 때린다. 고깃배, 상선은 부수지 않는다. 군함은 당연히 피한다. 맞서 싸울 수 없는 상대는 피하는 게 상책이다. 해적에게 있어 정의로움은 살아남는 것이다. 실버드래곤호는 출항 사흘 만에 악독한 해적단 붉은갈고리호를 만나 맞붙는다. 붉은갈고리호도 보물섬을 찾고 있다. 둘은 앙숙이다.

이쯤이면 글을 쓰면서 킥킥거리고 웃다가 엉덩이를 들썩이고, 허공에 주먹질까지 한다. 해적이라니, 누가 봐도 실현 가능성 없는 꿈이다. 그렇지만 작가는 가능하다. 해적이 될 수 있다. 다만, 상상하는 대로 글이 쓰이지 않는다는 어려움이 있다. 재미와 감동, 독자들이 공감할 수 있는 이야기를 비단처럼 매끄하게 결을 맞춰 써야 하는 고충은 글을 쓰는 동안 떨쳐버릴 수 없는 숙명이다.

바다와 소설

소설에도 바다는 빠지지 않는다. 소설집『씽푸춘, 새벽 4시』에 실려 있는 단편 소설「우리끼리 안녕」은 방황하는 십 대 청소년들의 이야기다. 오토바이를 타고 해안 도로를 달리며 꿈을 잃지 않기 위해 고래가 보이는 장생포로 향하는 아이들의 이야기다. 울타리를 벗어나고 싶은 소년들에게 바다는 희망이며 용기를 주는 대상이다.

#부산, #바다, #중독이라는 키워드로 출간한 앤솔러지『모자이크 부산』에 발표한 단편 소설「귀부인은 옥수수밭에」는 창조 중독에 대한 이야기다. 모자이크 아티스트 윤나백은 임랑 바닷가의 엔진 없는 낚싯배에서 생활한다. 말미잘 매운탕 가게를 하는 우봉, 서핑 샵을 하는 도욱과 각자의 욕망에 중독된 세 남자가 만들어 내는 기이하고 파괴적인 이야기이다.

소설과 동화에서 '바다'는 다르게 쓰인다. 소설 속 바다는 삶의 터전이다. 바다에 기대어 살아가는 사람들의 다양한 인생사를 대변한다. 그래서 현실적이다. 그와 달리 동화 속 바다는 독자인 아이들의 꿈과 희망이 이루어지는 장소다. 현실에서 불가능한 일들이 바다에서는 이루어진다. 물고기들이 말을 하고, 심해어 산갈치는 바다를 지키는 '전사'다. 다르지만 같은 점도 있다. 내가 작품을 통해서 하려는 말이기도 하다.

바다는 우리의 희망이다.

6. 기후 위기 시대 글쓰기

 최근 들어 기후 위기 해결방안으로 해양이 주목받고 있다. 인류의 미래가 바다에 있다고 말하는 사람도 있다. 나는 인류의 희망이 해양에 있다고 단언한다. 그래서 많은 사람에게 해양의 중요성을 알리는 글을 쓰려고 한다. 작가인 내가 할 수 있는 일이란 '바다 이야기'를 꾸준히 쓰는 것이 아닐까. 우리나라에도 산호초가 있다는 것을 알리고 싶어 미 출간작『산호초 정원사』라는 해양 모험 장편 동화를 마무리했다. 그리고 기후 위기로 해수면이 상승한 미래에 생존의 위협에 맞서는 소년의 모험을 그리는 SF 해양 판타지를 쓰고 싶다.

바다가 눈앞에 있다

나는 바다를 보며 글을 쓴다. 바다와 나의 문학적 인연은 2018년 출간한 『해오리 바다의 비밀』로 시작되었다. 2006년 국제신문 신춘 등단작인 단편 소설 「다시 바다에 서다」도 바다가 주요 모티브로 나온다. 그 후 그림 동화책 『배고픈 노랑가오리』, 『바다가 걱정돼-해양오염의 원인 7가지』외, 지금까지 바다 이야기를 쓰고, 독자들을 만나 바다 이야기하는 '바다 작가'로 활동하고 있다.

이른 아침 눈을 뜨면 제일 먼저 바다를 본다. 바다가 보이는 집으로 이사 오고부터 생긴 습관이다. 파도가 밀려오는 해안을 훑어본다. 모래사장과 파도가 밀고 당기는 모습은 어제와 비슷하다. 고개를 돌려 하늘과 맞닿아 있는 수평선으로 시선을 돌린다. 드문드문 떠 있는 고깃배가 보인다. 물빛은 파랗고 햇빛은 반짝이며, 살랑살랑 바람이 분다. 눈을 살며시 감고 해풍에 묻어온 냄새를 맡는다. 말린 다시마 냄새가 날 때도 있고, 살짝 비린내가 날 때도 있다. 강물과 바닷물이 만나는 곳에 다리가 있다. 다리 아래로 작은 보트가 바다로 향한다. 다리 위에는 트럭이 지나가고, 사람들은 다리를 건너간다. 바다에 기대어 살아가는 사람들의 하루는 분주하다. 고기잡이를 나서는 뱃사람, 갯바위로 낚시꾼을 실어 가는 낚싯배 선장, 장어잡이 어망을 손질하는 아저씨,

트럭에 다시마를 넘칠 듯 가득 싣고 가는 청년, 손질한 생선을 채반에 널어 말리는 할머니, 횟집 앞에는 활어차가 서 있고, 바닷가 카페는 커피 향기와 빵 굽는 냄새가 지나가는 이의 발걸음을 멈추게 한다. 바닷가 사람들은 바삐 움직이다가 허리를 펴는 순간 바다를 보며 잠시 숨 돌릴 여유를 가진다.

먼 수평선에서 반짝거림이 생겨난다. 햇빛이 비치어 반짝이는 잔물결, 윤슬이다. 윤슬은 매혹적이다. 수많은 물고기가 물 위로 떼 지어 헤엄치는 것처럼 보이기도 하고, 거대한 은빛 용이 꿈틀거리는 것 같기도 하다. 눈을 뗄 수 없어 보고 있으면, 물비늘이 나를 향해 밀려오는 것 같은 착각에 빠진다. 그럴 때면 무수히 떠오르는 이미지와 이야기를 글로 풀어내고 싶어 마음이 초조해진다. 머릿속에는 심해 생물들이 수면 위로 솟구쳐 오르는 상상으로 가득하다.

바다는 무한한 상상력을 불러일으킨다.

7. 바다 도서관

구하기 힘든 해양 관련 책을 보고 싶을 때는 '바다숲작은도서관'에 간다. 이 도서관은 바닷가 수산자원 연구센터에 있다. 집에서 가까워 종종 찾는다. 도서관 문을 열고 들어가면 전면 통창 너머가 푸르른 바다다. 그래서 바닷속으로 들어가는 느낌이 든다. 책장에는 바다 관련 책들이 분야별로 꽂혀 있다. 바다가 일터인 사람들의 생활을 생생하게 기록한 책도 있고, 해양 스포츠 책과 해양환경 관련 책도 있다. 때로는 생각지도 못한 놀라운 책을 발견하기도 한다. 바로 바다 사진화보였다.

책을 펼친 순간, 나는 사진작가가 된다. 바위틈에 웅크린 문어를 카메라에 담고, 가시에 독이 있는 지느러미를 펼친 쏠배감펭을 촬영하다가 바다뱀과 마주쳐 위험에 처한다. 바다뱀의 공격을 받은 사진작가는 목숨을 건 사투를 펼친다. 책을 보면서 엉뚱한 상상을 하는 것은 어쩔 수 없는 직업병이다. 휴대전화 메모장에 떠오른 아이디어를 빠르게 입력한다.

작업하는 책상 뒤편 책장에도 해양 관련 책이 제법 있다. 내셔널지오그래픽, 과학 동아 해양편, 심해 생물, 산호, 해양 만화, 해양오염, 바람과 물, 바다 100등 잡지, 인문학, 과학 등 다양한 분야의 해양 도서들이 있다. 소파에 누워 보는 책은 만화책이고, 책상에 앉아 보는 책은 『기예르모 델 토로의 창작 노트』다. 기이하고 신비로운 스케치와 내용들로 가득 차 있어 때때로 현실을 잊게 만들기도 한다. 궁금해서 펼쳐보는 책은 『남극, 어디까지 알고 있니?』이며, 옆에 두고 아껴가며 보는 책은 『나는 바다로 출근한다』이다. 땅을 딛고 살고, 바다를 항해하면서 삶을 나아가는 사람들의 이야기는 언제나 용기와 희망을 준다.

 꼭 사고 싶은 책이 있다. 고대 해양 지도다. 제대로 볼 줄 모르지만 그래도 괜찮다. 상상하면서 보는 재미가 작가에게는 더 필요하니까.

 나는 하루를 애벌레처럼 움직인다. 책은 표지를 눈으로만 훑어보는 경우가 많다. 최근 몇 년은 전자책을 보느라 종이책을 쌓아만 두고 있다. 손이 닿는 책장에는 그림책과 역사책, 왕실 탐구 노트와 빨간 표지가 마음에 들어서 사들인 '장윤' 작가의 소설이 꽂혀 있다. 급하게 읽어야 하는 책들은 책상 위에 있는데 최근 들어서는 SF와 미래사회를 배경으로 한 소설들에 관심이 간다. 책을 읽다 보면 이야기를 만들고 싶다는 충동이 일어난다.

 책은 끝없는 상상으로 이끌어주는 지도와 같다.

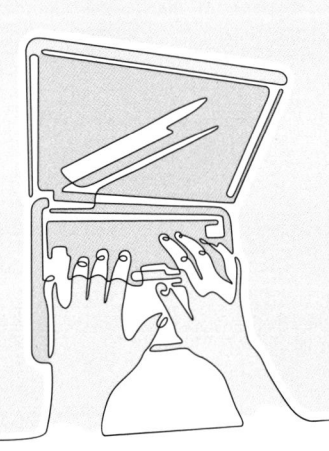

「동화 쓰는 생활」

최현진

1. 나의 초보시절

책 속으로 숨었다

어릴 때 나는 많이 아팠다. 그러나 책 속에서는 장거리 마라토너가 되고 땀을 뻘뻘 흘리며 술래잡기도 하고 줄넘기도 하는 어린이였다. 그리고 비행기, 배, 로켓 등을 자유롭게 타고 다니며 여행할 수 있었다.
  어린 나의 로망을 채워주는 책들이 참 좋았다. 유능한 어린이 탐정이 되어 어려움에 처한 사람들을 구해 주고 난처하고 곤란한 사건들을 척척 해결했다.
  시간이 흐르고 내 기억 속에서 조금씩 그 기쁨을 잊어가고 있었다. 슬픈 일도 괴로운 일도 많이 겪었다. 모든 것이 내 마음대로만 이루어지지 않았다. 이별은 예고 없이 다가왔고 내 생애의 큰 산이 무너지는 고통을 겪었다.

나에게는 숨구멍이 필요했다. 숨 쉴 수 있는 아주 작은 구멍이면 나는 충분했다. 일상이 고통스러워서 견딜 수가 없었다. 그렇게 두리번거리던 나는 다시 책 속으로 숨었다. 책을 읽을 때는 그 고통을 잠시라도 잊을 수 있었다. 여전히 책 속에서 나는 자유로웠다.

나는 다시 책 읽기의 기쁨을 느꼈다. 그러면서 내 취향을 발견했다. 나는 해피엔딩을 좋아해서인지 동화가 좋았다. 간혹 슬픈 동화도 있지만 대부분의 동화는 해피엔딩이다. 그리고 어려운 말 없이 예쁘고 쉬운 말씨로 따뜻한 분위기를 유지하는 책들이 대부분이다. 동화책을 읽으며 난 다시 해피엔딩을 꿈꿀 수 있었다. 하지만 동화작가가 될 거라는 욕심은 없었다. 그냥 작가님들이 공들여 쓰신 동화책을 읽는 것이 나의 기쁨이었다.

또다시 많은 동화를 읽으며 자연스럽게 글을 긁적거렸다. 어린 시절의 나를 위로하는 동화를 하나씩 쓰게 되었다. 동화를 한 줄 두 줄 쓰면서 나 자신이 위로받는 느낌이 들었다. 더 이상 구석에서 슬퍼하지 말고 이제 밖으로 나와 보라고 속삭였.

처음 내가 쓴 동화는 거의 일기였다. 내가 주인공이 아닐 뿐 일기처럼 편하게 쓴 글을 다시 읽으면서 한두 줄씩 글을 바꾸고 또 다듬으니 어느새 동화의 형태와 비슷하게 되었다. 하나둘 소중한 글들이 생겼다. 아직 다듬어지지 않은 원석 같은 글이었다. 그 글들을 조금씩 다듬고 내가 아닌 다른 주인공을 만들었다. 그 주인공은 나에게 속삭이듯 말을 건네며 움직이기 시작했다. 내가 의도한 것이 아닌 전혀 엉뚱한 행동을 하기도 하는 주인공이 내 눈에는 그저 사랑스러웠다. 그렇게 동화의 세계에 흠뻑 젖어있을 때 드디어 나는 동화작가가 되었다.

2. 아이디어 원천

모든 사물을 진심으로 마주한다

아이디어는 일상생활 속에서 만나게 된다. 어떻게 생각하면 모든 생활이 아이디어가 될 수 있다. 우리가 그냥 지나쳐버려서 놓치는 것일 뿐이다. 일상생활에서 우리가 부딪치는 모든 것들이 하나의 아이디어로 반짝이기 위해서는 다시 떠올리며 깊이 생각하는 과정이 필요하다.

길을 걸으면 다양한 사물을 관찰할 기회가 많다. 바람에 흔들리는 꽃들을 보기도 하고 날아다니는 나비를 가까이에서 볼 수 있다. 싱그러운 꽃향기는 덤이다. 어린이를 만날 수 있는 행운이 생기기도 한다.

뱀을 무서워하고 싫어하는 어린이가 많다. 그 모습을 보면서 뱀을 주인공으로 동화를 쓰고 싶다는 생각이 들었다. 그럴 즈음 우연히 왕따 문제가 심각하다는 뉴스를 보게 되었다. 그래서 남들과 다른 외모 때문에 왕따를 당하는 꼬마 뱀의 이야기를 쓰고 싶었다. 이렇게 동화책 『꼬마 뱀의 왕따 탈출기』를 출간했다. 꼬마 뱀은 친구를 사귀고 싶지만 외모가 다르다는 이유로 친구 사귀기가 어려웠다. 하지만 꼬마 뱀은 친구를 사귀고 싶은 마음을 포기하지 않고 끝까지 노력한다. 그래서 꼬마 뱀의 진심은 통한다.

이렇듯 모든 사물을 대할 때 진심으로 대한다면 모든 것이 아이디어가 될 수 있다. 내가 무엇을 쓰고 싶은지 목적을 먼저 가져야 할 것 같다. 그리고 여러 가지 생각하기를 멈추지 않는다면 아이디어는 마르지 않는 샘이 될 것이다.

특히 생활동화를 쓰려면 더욱더 어린이의 관심 분야와 그들의 생각을 놓쳐서는 안 된다. 어린이의 생각은 무궁무진하다. 먼저 어린이의 의견을 진심으로 받아들이며 그들의 입장에서 상상하기를 멈춰서는 안 된다.

일상을 기록하다

내 어린 시절엔 일기 쓰기가 필수였다. 늘 일기를 쓰고 담임선생님에게 검사를 받았다. 내가 쓴 일기를 읽고 담임선생님이 적어주시는 짧은 글이 정말 좋았다. 그래서 더 열심히 일기를 적었다. 일기장을 돌려받으면 숨을 참으며 일기장을 펼쳤다. 오늘은 무슨 글을 적어주셨을지 두근거리는 마음으로 기다렸던 기억이 아직도 생생하다.

지금도 일기를 계속 적고 있다. 짧게 쓸 때는 세 줄을 쓰더라도 매일 쓴다. 일기를 쓰면서 나와의 대화시간을 가지며 하루를 마무리한다. 또한 내가 쓴 일기를 시간이 흐른 후 읽으면 또 다른 즐거움을 느낄 수 있으며 다음 동화를 위한 하나의 글감 씨앗이 되기도 한다.

책 읽기는 즐겁다

나는 책 읽기를 무척 즐기는 어린이였다. 책은 뛰어놀지 못하는 나에게 열린 하나의 문이었다. 그 문을 열고 들어간 나는 정신적으로 무척 풍요로울 수 있었다. 책을 읽으며 꿈꿀 수 있는 수많은 시간이 정말 좋았다.

그 당시 도서관에는 책을 읽고 나면 책 뒤에 책을 읽은 사람의 이름을 적을 수 있는 누런 종이가 따로 있었다. 책을 읽고 그곳에 내 이름을 적을 때면 어린 마음에 뿌듯함을 꽤 느꼈다. 그 도서관의 수많은 책 뒤편 종이에 내 이름을 적었고, 종류를 가리지 않고 책을 읽었다. 그렇게 책 속에서 자유롭게 뛰어놀며 모험을 떠날 수 있었다.

요즘에도 책을 읽으면서 주인공의 감정에 공감하는 시간이 참 즐겁다. 그리고 좋은 글을 쓰기 위해서는 다양한 책들을 읽는 시간이 꼭 필요하다.

3. 나만의 동화작법

어린이들이 경험할 수 있는 소재를 찾는다

생활동화를 쓰려면 먼저 어린이들이 충분히 경험할 수 있는 소재를 찾는 것이 중요하다. 그러기 위해서 모든 사물을 자세히 관찰하고 늘 어린이의 눈높이로 바라보는 시야가 필수적이다. 자신이 직접 경험해 봤다는 것은 상당한 장점이 있다. 스스로 경험해 본 것을 다룬 동화를 읽을 때 어린이는 좀 더 쉽게 공감하고 집중해서 읽는다. 그러므로 소재를 잘 찾는 것이 가장 중요하다.

메시지와 배경을 정한다

소중한 소재를 찾으면 내가 쓰고 싶은 메시지를 정한다. 이 동화를 통해서 어린이에게 어떤 메시지를 보여 주고 싶은지 궁리하는 과정이 필요하다.

글을 쓰기 전에 무엇을 쓰고 싶은지를 생각한다. 소위 주제라고 불리는 것이다. 그런데 꼭 주제가 아니어도 된다. 내가 쓰고 싶은 무언가가 있다면 그것이 소재여도 상관없다.

소재와 주제가 정해지면 그다음은 어떤 배경으로 설정할지를 고려한다. 배경은 시간적 배경과 공간적 배경이 있다. 다양한 배경들이 있지만 현재가 가장 좋다. 지금도 어디에선가 벌어지고 있을 것 같은 이야기의 동화가 더 친밀감이 느껴지는 것 같다.

퇴고는 왜 중요할까?

모든 글은 동그란 원과 같다. 처음과 끝이 서로 맞닿아 있어야 좋은 글이다. 그렇게 되기 위해서는 수많은 퇴고가 필요하다. 처음 완성한 글은 많이 부족하다. 내 눈에는 잘 쓴 글이라는 착각을 불러일으키며 스스로를 뿌듯하게 느끼도록 만든다. 퇴고를 하다 보면 고칠 곳 투성이지만 한편으로 이런 마음이 있어야 글을 계속 써나갈 수 있을 것 같다. 왜냐하면 글을 쓰는 작업은 많이 외롭고 힘들기 때문이다. 그러다가 며칠 후 눈에 콩깍지가 벗겨진 후 읽어보면 너무 하찮아서 부끄러울 때도 많다. 그 글을 쓴 당시에는 무언가 대단한 글을 내가 완성한 것 같아서 하염없이 올라가던 기분이 다음에 읽을 때는 엉망으로 느껴진다. 그렇지만 그대로 내팽개치기에는 아깝다. 다시 정신을 차리고 내가 무엇을 쓰고 싶었고 어떻게 끝내고 싶었는지 다시 떠올려본다. 계속 내가 쓴 글을 들여다보고 있으면 희미한 뼈대가 보이기 시작한다.

그럴 때 '난 이렇게 쓰고 싶었어.'라는 윤곽이 떠오르며 다시 힘을 내어 다듬는다. 그래서 마지막 마무리를 할 때면 기분이 좋아지기도 한다. 하지만 아쉽게도 이번이 끝이 아니다. 다시 또 읽어보고 퇴고를 반복해야 한다. 퇴고의 과정은 고통이다. 그냥 버리고 새로 쓸까 하는 많은 갈등을 유발한다. 그렇지만 내 글의 주인공이 나에게 뭐라고 속삭이며 또 다른 인격을 가지게 될 때 비로소 하나의 동화가 된다. 그러기 위해서 힘들어도 계속 다듬어야 한다.

이토록 귀찮고도 힘든 과정을 꼭 가져야만 하는 이유는 하나다. 나만 읽을 글이 아니라 독자들과 함께 읽을 글이기 때문이다. 나 혼자만의 이야기로 적어서 깊숙하게 감춰둘 거면 퇴고의 과정은 전혀 필요 없다. 하지만 글을 쓰면 누군가에게 보여 주고 싶다는 생각을 우리 모두 갖고 있다. 그래서인지 요즘 글을 쓰고자 하는 사람들이 많이 늘어나고 있다. 어쩔 수 없는 본능이다. 나의 글을 보여 주고 독자에게 공감을 받고 싶다. 그리고 나의 글에 공감하고 다른 사람의 이야기를 듣는 것을 즐긴다. 그 일은 아주 험난하고 부끄럽고 고통스럽지만 한편으로는 보람 있고 뿌듯하다.

사람은 혼자 살 수 없다. 늘 누군가의 공감과 또 다른 의견을 들으며 내 생각을 확장해 나가는 과정이 필요하며 그 과정을 통해 한 뼘 더 자란 내가 될 수 있다.

나를 닮지 않는 주인공을 만들자

주인공은 또 다른 나 자신이다. 그래서 다양한 개성을 가진 주인공을 표현하고 싶은데 어느새 나의 모습과 많이 닮아있어서 깜짝 놀란다. 그러므로 무척 어렵지만 주인공이 나를 닮지 않도록 주의해야 한다. 난 분명히 나와 다른 주인공을 썼는데 어느 순간 주인공은 나를 닮아 나의 행동을 따라 한다. 종종 그렇게 된다. 그래서 그 글은 재미를 잃어버리는 것 같다. 내가 아닌 다른 누군가로 설정하고 그렇게 적어나갈 수 있다면 글의 내용은 좀 더 풍부해진다. 주인공과 나를 분리하는 작업이 꼭 필요하다. 늘 유념하지만, 어느 순간 내가 주인공이 되는 웃픈 현실과 만난다.

작가란 참 어려운 작업이다. 그래도 계속 글을 쓰고 싶은 마음이 드는 건, 말로는 표현할 수 없는 무언가를 글로 쓰면서 대신 채우고 싶은 무의식의 발현이 아닐까.

『네 마음을 몰랐어』

나는 그동안 썼던 단편 동화를 한 권으로 묶어 동화책을 출간했다. 동화책의 이름은 『네 마음을 몰랐어』이다. 다시 생각해도 작가에게 동화책은 하나의 자식 같은 존재로 참 소중하다. 제목이 정말 설렌다. 『네 마음을 몰랐어』에는 6편의 동화가 들어있다. 이 동화책은 시선에서의 자유를 다루고 있다. 어린이들이 생활하면서 한 번쯤은 겪어봤던 경험들이 있다. <2024 작가와 함께 하는 독서교육 프로그램> 행복한 글쓰기 학교 강의를 하러 갔을 때 동화책을 읽은 어린이들이 자신도 경험한 느낌을 말하며 동화책을 더 친숙하게 대했다.

생활동화는 친숙함의 매력이 있다. 낯설지 않고 편안하게 어린이에게 다가간다. 어린이들이 생활동화를 읽고 공감하며 자신만의 뚜렷한 가치관을 형성하는 데 도움이 된다. 그리고 어린이들이 느낀 감정들을 나에게 들려주는 반가운 말들을 들으면 기분이 엄청 좋다.

「마을버스 여행」

해외여행을 가는 사람들이 넘쳐나고 이제는 안 가 본 사람을 찾기가 더 어렵다. 하지만 나는 아직도 해외여행을 가고 싶다는 생각이 없다.

　그러나 어린이라면 어떻게 생각할까를 상상했다. 여러 가지를 체험하고 싶고 주변 친구들이 해외여행 또는 국내여행을 간다는 말들을 들으면 분명 가고 싶다는 생각이 먼저 들 것이다. 그리고 왜 자기만 못 가는지에 대한 불만을 토로할 것이다. 그 생각에서 이 동화는 시작되었다. 그러므로 주인공은 여행을 무척 원하는 어린이로 설정했다.

　주어진 현실 때문에 여행을 못 떠나게 하고 싶지는 않았다. 그래서 어떤 방법이 좋을까를 고민하다가 마을버스로 여행을 떠나는 것이 좋겠다는 결정을 했다. 물론 해외여행이나 먼 곳으로의 여행, 심지어 우주선을 타고 여행을 떠나도 동화 속에서는 자유롭다. 모든 상상이 허용되는 것이 동화의 세계이다.

　하지만 여행은 누구와 함께 가는지가 더 중요하다는 메시지를 던지고 싶었다. 그래서 라운이는 엄마와 마을버스 여행을 떠나고 짧은 여행이지만 가족의 소중함을 생각할 수 있기를 바라는 마음으로 동화를 맺었다.

「신체검사는 무서워」

　이 동화는 신체검사를 대하는 어린이의 마음을 담았다. 어린이는 신체검사를 하는 상황에서 많은 고민을 한다. 키는 좀 더 크면 좋고 몸무게는 적게 나오기를 바랄 것이다. 그래서 흔히 겪는 신체검사를 하면서 갈등하는 송이의 이야기를 들려주고 싶었다. 이 이야기에서는 눈에 보이는 것만이 중요한 것이 아니라 또 다른 중요한 것들이 많다는 것을 알려주고 싶었다. 바로 눈앞에 보이는 것에만 허덕이지 말고 좀 더 큰 세상을 바라보는 태도를 가질 수 있었으면 한다.

「엄마의 왕자님」

가족의 형태가 많이 변하고 있다. 가족의 구성원이 다양한데 그 현실을 보는 시야는 아직 보수적인 틀에 갇혀있다. 해야 할 역할이 정해져 있고 자신과 다른 형태는 배타적으로 바라본다. 더불어 자신의 가족 구성이 남의 가족 형태와 다르면 부끄러워하고 싫어한다. 더 이상 그런 잣대로 누군가를 재단하는 일은 없어야 한다.

어린이는 순수하다. 비뚤어진 편견이 없다. 그런데 자라나면서 가까운 가족의 시선을 따라 누군가를 보는 안경을 가지게 되어 자신과 다른 누군가를 맹목적으로 비난하게 된다. 하지만 그러지 않았으면 좋겠다는 바람으로 이 동화를 쓰게 되었다. 더욱 넓은 시야로 타인을 바라보고 나와 다른 그들을 인정하고 받아들일 수 있어야 한다.

「보물 낚시」

가족 간 대화의 중요성을 알려주고 싶었다. 사랑하는 마음이 가슴속에서만 가득 차 있으면 상대방은 알지 못한다.

사랑은 표현해야 안다. 자신의 감정 상태를 가족들과 솔직하게 털어놓고 대화를 나누지 않으면 자꾸 오해가 쌓인다. 그 오해는 원망의 감정이 되고 그러다가 관계는 최악으로 치닫는다. 서로 대화를 하며 좋아한다는 감정의 교류가 필요하다는 것을 말하고 싶었다. 가슴속에서만 가득 찬 사랑이 아니라 표현하는 사랑이 필요한 것 같다.

물론 참 어려운 일이다. 그래도 어린이를 위해서 노력해야 한다. 네가 싫어서 야단치는 것이 아니라 네가 소중하고 좋아서 알려주고 싶은 거라는 것을 어린이가 알 수 있도록 솔직한 마음을 드러내어 보여줘야만 한다. 윽박지르듯 내뱉는 말들을 좋은 마음으로 생각할 어린이는 없다. 어린이가 공감할 수 있도록 그들의 언어로 대화를 나누며 진심을 전하도록 노력해야 한다.

「할머니는 내 거야」

어린 시절 소중한 누군가의 죽음은 큰 상처로 남는다. 영원히 사라졌다는 상실감에 휩싸이며 자신을 싫어하게 만든다.

특히 어린이들은 본능적으로 모든 원인이 자신에게 있다고 생각하며 괴로워한다. 자신이 잘못해서 그런 거라는 생각은 스스로를 힘들게 한다. 하지만 결코 어린이의 잘못이 아니다. 자연스러운 현상이다. 상처받은 어린이의 마음을 보듬어주는 것은 결국 가족의 몫이다.

어린이는 사랑으로 다시 마음을 채우고 떠나간 누군가가 끝나지 않는 사랑임을 알아야 한다. 눈에 보이지 않는다고 존재하지 않는 것이 아니라는 메시지를 알리고 싶었다. 가족의 사랑은 계속 진행되고 있다는 것을 느끼게 하고 싶었다.

「네 마음을 몰랐어」

우리는 살아가면서 수많은 오해를 반복한다. 저 사람의 행동이 나를 괴롭히기 위해서 그런 거라는 생각을 하기도 한다. 하지만 상대방이 나를 생각해서 한 말이며 행동임을 알아챌 수 있었으면 좋겠다는 생각으로 이 동화를 썼다.

이 동화에서 소율이는 민지의 행동을 오해하고 친구 사이가 멀어진다. 하지만 민지는 소율이를 생각해서 못하게 한 것이었다. 결국 민지의 진심을 알게 된 소율이는 사과하고 더 사이가 좋은 친구가 된다. 사회는 나 혼자만으로 존재하지 않는다. 나와 네가 있고, 우리가 된다.

4. 출간 후 어린이 독자와 만났다

책 출간 후 소중한 어린이 독자와 만나는 시간이 종종 있었다. 호기심으로 반짝반짝 빛나는 어린이들을 단체로 만나는 시간은 정말 두근거린다. 어린이들의 생각은 예리하고 늘 앞서 있음을 만날 때마다 느끼고 감동한다.

내가 쓴 동화책에 관해서 이야기하며 2탄을 만들어달라고 할 때는 뿌듯함이 올라온다. 그 말을 듣는 동시에 내 머릿속에는 2탄이 벌써 나온 것만 같은 행복한 상상을 하게 된다.

최근에 작가연계 글쓰기 수업으로 방문한 학교에서 만난 한 어린이의 말이 인상적이었다.

"어떻게 글을 써야 하는지 알게 되었어요. 내가 동화작가가 된다면 작가님을 기억할게요."

그 말을 듣는 순간 짜릿한 전율이 느껴졌다.

이 순간을 위해 이때까지 살았다는 생각이 저절로 들었다. 동화를 쓰지 않았으면 만나지 못했을 귀한 인연을 만날 수 있어서 동화를 쓰길 잘했다는 안도감마저 느꼈다.

5. 나의 슬럼프 극복기

　등단했다. 앞으로 열심히 글을 쓸 자격이 있다는 뜻으로 받아들였다. 그렇다. 이제부터 더욱더 열성껏 글을 써도 된다는 허락의 말씀이었다. 그런데 그때부터 나는 조금씩 자신감을 잃었다. 이제 일반인으로서 쓰는 편한 글이 아니라 동화작가 최현진으로 글을 써야 한다는 생각이 들며 잘 써야 한다는 막연한 부담감이 점점 글쓰기를 두려워지게 했다.

　예전에는 무엇이든 글감이 되었다. 여기에서 저기까지 가는 것만으로 한편의 동화가 될 수 있다는 생각이 들었던 무식하지만 용감한 나였다. 그런데 자체 검열을 하게 되며 점점 글쓰기가 어렵게 느껴졌다. 좋은 글이 아니면 쓰면 안 될 것만 같았다. 예전처럼 편한 마음으로 동화를 쓸 수가 없었다. 쓰다가 지우기를 반복했다. 동화는 아예 모르면 용감하지만 조금 알면 더 어려워지는 것 같다.

　그러다가 나는 그림책으로 눈을 돌렸다. 서툰 솜씨지만 연필로 그림을 그리고 수채화물감으로 색칠했다. 수채화물감을 다루는 일은 그다지 낭만적이지는 않았다. 그래도 재미있었다. 엉망으로 칠해져도 예술을 하는 것 같은 착각에 그저 좋았다.

　그림책 형식의 책을 만들었다. 물론 출간이라고 하기에는 좀 어렵다. 그다음에 나는 더미 북을 만들었다. 어릴 때 우리가 종이를 접어서 만들던 작은 책자에 그림을 그려서 만드는 작업이 소꿉놀이하는 것처럼 재미있었다. 한동안 그림책의 매력에 빠졌다. 부족한 그림이지만 내가 직접 만드는 그림책이라는 생각이 들어서 행복했다. 그림으로 글을 쓰는 느낌이 신선하게 느껴졌다. 하지만 그림책을 진심으로 대하는 그림 작가들의 모습을 보고 내 그림책은 많이 부족하다는 것을 다시 느꼈다. 무엇이든 쉬운 일은 없었다.

동시에 두 가지를 해내기에는 많이 힘들다는 것을 느꼈다. 나는 조용히 그림책을 옆으로 미루고 다시 동화책을 쓰기로 했다. 하지만 그림책에 대한 로망이 완전히 사라진 것은 아니다. 마음 속 한편에 고이 담아 두었다가 언젠가 다시 그림책에 도전할 거다. 그때에는 좀 더 많은 공부를 하고 시작해야겠다.

어떤 일을 하던 나를 힘들게 하는 슬럼프라는 괴물은 찾아온다. 그 괴물은 처음에는 아주 작게 마음 한 구석에 스며들면서 다가온다. 그러다가 정신을 차리면 나 자신이 커다란 슬럼프가 되어버린다. 그 슬럼프를 극복하겠다고 온몸에 힘을 잔뜩 준다면 우리는 지쳐서 쓰러져버릴 것이다. 그럴 때는 그냥 슬럼프를 받아들이자.

"너구나! 반갑다. 나도 몰랐지만 내가 열심히 살았구나!"

다가오는 슬럼프를 극복하고 내치려고 하기보다는 반가운 이웃처럼 마주하는 것도 좋다. 잠시 다른 곳을 기웃거리는 여유도 가지고 그러다 보면 내가 정말 원하는 것이 무엇인지 보다 선명해진다. 그러면 어느새 슬럼프에게 점점 인사를 건넬 수 있을 것이다. 슬럼프도 그냥 생기는 것은 아니다.

'무언가 정말 열심히 해서 슬럼프가 다가온 것은 아닐까?'

6. 동화작가로 사는 삶

머릿속으로 늘 공상하는 것을 즐긴다. 어릴 때부터의 나의 버릇이다. '이게 이렇게 되면 어떨까?' 그런 상상을 하다 보면 나도 모르게 슬며시 미소를 짓게 된다. 머릿속에서의 여러 상상은 무척 재밌다. 그들이 주고받는 대화가 맛깔스럽다. 그럴 때면 이제 글로 적어봐야겠다는 생각이 든다. 그래서 머릿속에 가득한 그 재미난 이야기를 독자들에게 들려주고 싶다는 생각으로 노트북을 열고 키보드를 두드릴 준비를 한다.

그러나 그 순간 머릿속에 가득했던 재미난 이야기들이 포르르 사라져 버려서 안타까울 때가 종종 있다. 분명 머릿속에서는 무척 재미있었고 그 이야기들을 들려주면 독자들이 분명 좋아할 것 같았다. 좀 실망스럽지만 어쩔 수 없다. 그럴 때는 대략의 뼈대만 단어 위주로 적어둔다. 거창하게 말하면 스토리보드가 된다. 띄엄띄엄 쓴 단어들은 반짝거리며 약을 올린다. 메롱 하고 혀를 내민다. 그렇다고 모조리 지울 수는 없다. 몇 개의 단어들과 생각나는 문장들을 간추려 적어두고 그때부터 눈싸움을 시작한다.

'아까 네가 뭐라고 했잖아? 다시 들려줘.'

답이 없다. 초조해진다. 그들은 쉽게 자신의 이야기 보따리를 다시 풀려고 하지 않는다. 다시 눈싸움을 시도하지만 눈이 아파서 결국 항복을 외치고 자리에서 일어난다. 밀린 집안일을 하면서 머릿속으로 계속 궁리한다. 빨래를 돌리고 청소기를 돌리고 설거지를 한다. 이때는 절대 먼저 포기하면 안 된다. '네가 이기냐. 내가 이기냐.'라는 마음으로 난 별로 궁금하지 않은데 네가 들려주고 싶으면 해 보든지 하는 평온한 마음을 유지한다. 지금 집안일로 바쁘지만 네가 말해 주고 싶으면 언제든지 들어주겠다는 여유를 부린다. 그럴 때면 이야기는 애가 달아서 다시금 나에게로 온다.

"아까 내가 무슨 말이 하고 싶었냐면…."

그러면서 내 눈치를 본다. 그럴 때 솔깃한 표정을 미리 보여 주면 안 된다. 밀당을 해야 한다. '이야기하고 싶으면 하든지'라는, 그런 배포를 보여 준다.

"그래서 이게 그렇게 이렇게 되었거든."

결국 이야기는 다시 나에게 와서 속삭인다. 그리고 자기 이야기를 독자에게 들려주라고 건넨다. 그럴 때 나는 못 이긴 척 노트북을 켜고 키보드 판을 두드린다.
 이제 이야기가 술술 풀린다. 하지만 아까도 말했듯이 이게 끝이 아니다. 무시무시한 퇴고의 과정을 꼭 거쳐야만 비로소 동화가 된다. 모든 책은 혼자서 완성하는 것이 아니다. 책을 출간하면서 그것을 느꼈다. 한 권의 책이 나오기 위해서는 많은 사람의 수고가 필요하다. 모두의 노력이 담겨서 하나의 책이 만들어진다. 그래서 책의 가치는 더욱 빛난다.

7. 동화를 쓰고 싶은 지망생에게 건네는 말

동화는 쉬운 것 같으면서 참 어렵다. 그 이유는 우리가 어린이가 아니고 어른이기 때문이다. 나의 어린 시절 이야기를 쓰라고 하면 대하드라마도 쓸 수 있지만 그런 고리타분한 이야기를 진득하게 들어줄 어린이 독자는 이 세상에 없다. 바로 책을 덮어버리고 재미있는 놀이를 하러 뛰어갈 거다.

그런 점에서 우리는 어린이의 마음을 늘 헤아릴 자세를 가져야만 한다. 우리가 어린이가 아니고 어른이기에 요즘 어린이의 마음은 어떤지 늘 귀 기울이고 그들의 입장에서 생각하도록 노력해야 한다.

어린이에게 훈계조의 말을 하기는 쉽다. 그러나 그런 이야기는 어린이 독자가 듣지 않는다. 우리도 어른의 잔소리가 썩 좋지는 않았다는 기억이 있다. 어릴 때 학교 운동장에서 듣던 교장 선생님의 말씀을 좋아하는 어린이는 없었다. 언제 말씀이 끝날까 하는 생각만 머릿속에 가득했다. 물론 내리쬐는 태양빛도 어린 우리를 힘들게 만들었다. 그럴 때는 그 마음을 헤아려 입 밖으로 나오는 잔소리를 꾹 참을 수 있어야 한다. 아무리 어린이를 위한 말이라고 하더라도 그 이야기를 들을 어린이가 원하지 않으면 어떤 좋은 말씀도 잔소리로 돌변해 버리기 때문이다.

'내가 어린이라면 어떻게 했을까?'

또 생각하고 생각해야만 한다.

'어린이는 어떤 마음일까?'

우리는 항상 어린이의 입장에서 그들에게 들려줄 이야기를 준비해야만 한다. 그래서 동화는 어른에게 참 어렵다. 그래도 동화를 쓰는 작업은 재미있다. 내가 다시 어린이가 되는 느낌이 좋다.

더불어 어릴 때의 나를 불러서 토닥여 주는 기분이 들어서 행복하다. 더 좋은 것도 있다. 바로 내가 수많은 분야의 글 중에서 동화를 선택한 이유다.

동화는 해피엔딩이다. 그보다 매력적인 요소가 어디에 있겠는가? 모든 인생이 해피엔딩이라면 얼마나 좋을까? 하지만 인생은 그렇지 않다. 한번 크게 웃을 일을 주면 10번 이상의 시련을 주는 것이 인생인 것 같다. 그래도 우리에게는 동화가 있어서 웃을 일이 많아진다. 동화는 참 좋다.

동화쓰기는 어렵지만 백발 할머니가 되어서도 동화를 들려줄 수 있다면 정말 행복할 것 같다. 물론 어린이의 시선과 생각을 먼저 고려한 동화쓰기를 해야 한다.

"어른을 위한 동화는 없을까?"

어른도 동화가 필요하다. 우리의 몸은 어른이 되었지만 정신적으로는 '어린이'다. 아직 순수하게 꿈꾸고 싶은 '어른이'다. 나이가 들수록 더더욱 동화는 매력적으로 다가온다. 정말 동화의 매력은 끝이 없는 것 같다.

에필로그

동화작가는 나이 제한이 없다. 정년도 없고 명예퇴직도 없다. 이 책은 말한다. 우리도 그대처럼 힘들었다고, 조금만 용기를 내보라고 다독인다. 나는 오늘도 줄을 타는 곡예사의 마음이 되어 상상의 나래를 펼친다. 작가가 되어도 이야기가 막 풀리는 건 아니다. 그러다가 동화가 끝나는 마침표에 힘이 실릴 때 세상이 달리 보인다. 나는 이렇게 말해주고 싶다, 힘들고 지친 세상, 동화라는 판타지 세상에 머물러 내가 창조한 세상에서 뛰어놀고 싶지 않은가? 주저하고 있다면 지금이 가장 동화를 시작하기에 좋은 시기라고 말해주고 싶다.

— 양지영

나에게 텃밭은 자연의 순환을 오롯이 보여주는 가장 현실적인 세계다. 그 일상의 질서 속에서 구체적인 현상을 들여다보며, 나만의 상상과 규칙이 숨 쉬는 마법 같은 동화를 쓰고 있다. 나는 그렇게 오늘도 흙 위에서 이야기를 키워내고 있다.

— 김현정

동심을 헤아리는 글쓰기는 느슨해지려는 일상을 다잡는 죽비와 같다. 남들은 몰라도 나는 안다. 그래서 소소한 도덕을 지키려고 마음을 바로 세운다. 글을 쓰는 일이 일상을 살아가는 일보다 장할까. 그렇지만 잘 살아가려는 의지가 되고, 길잡이가 되는 것은 분명하다.

종종 비가 내리는 바다를 하염없이 바라본다. 하늘과 바다, 크고 작은 집들과 바다 위 다리를 달리는 노란 자동차, 우산을 쓰고 바삐 걸어가는 사람들. 비에 젖어 경계가 사라진 틈 사이로 다양한 이야기들이 꿈틀거린다. 오늘도 나는, 설레는 마음으로 첫 문장을 쓰려고 한다.

– 조미형

에필로그를 쓰다니 벌써 마침표를 찍어야 할 때가 된 것 같다. 마음 맞는 작가들과 의미 있는 책을 출간해서 참 좋다. 그리고 개인적으로 나를 돌아볼 수 있는 소중한 시간을 가질 수 있었다. 오늘도 나는 내 마음속 어린이와 대화를 나눈다. 그 어린이는 많은 꿈을 가지고 있으며 늘 조잘조잘 나에게 말을 건넨다. 내가 나이를 먹어도 그 어린이는 여전히 어리고 가장 순수하다. 나는 그의 말에 귀 기울이며 때로는 다른 어린이들의 아픈 마음을 위로해 주기도 한다. 이 글을 읽는 분들을 마음속 어린이와 대화할 수 있는 동화의 세계로 초대하고 싶다.

– 최현진

수상내역 및 저서

이마리

수상

    제3회 한우리문학상대상 – 「버니입 호주 원정대」

    제5회 목포신인문학상 – 「악동 음악회」

    제18회 부산가톨릭문학상 – 「바다로 간 아이들」

    제3회 통일동화공모전특별상 – 「철모 할아버지와 똥쟁이 기러기」

    호주 Wyong Writers Club 2025 올해 작가상 수상 – 「I was there when cherry blossoms fell」

세종도서 문학나눔 선정

    「버니입 호주 원정대」, 「코나의 여름」, 「구다이 코돌이」, 「캥거루 소녀」

그 외 저서

    「빨강양말 패셔니스타」, 「시드니 할매's 데카메론」, 「대장간 소녀와 수상한 추격자들」, 「동학소년과 녹두꽃」, 「소년 독립군과 한글학교」, 「한국전쟁과 소녀의 눈물」, 「그 여름의 망고」

양지영

수상

    제5회 여성조선문학상 – 「꿈을 잃어버린 아이」

    제3회 통일동화공모전 최우수 – 「달빛 싣고 가는 기차」

    제12회 동서커피문학상 – 「바다를 품은 금고래」

    제22회 어린이동산 – 「봄을 기다리는 호미」

    제1회 해양스토리공모전, 환경도서 선정 – 「크릴 전쟁」

그 외 저서

    「달나라의 정원사」, 「카멜레온 원장님의 비밀」, 「쓰레기섬에서 온 초대장」, 「만화를 찢고 나온 주인공」

김현정

수상

제41회 청주문학상 대상(동화) – 「그림 도둑」

제10회 동서커피문학상(동화) – 「거짓말 릴레이」

제22회 어린이동산(동화) – 「노래를 불러줄래」

제8회 노을동요제 고운소리상 [상상여행]

제11회 산토끼와 따오기가 함께하는 창작동요제 [풀피리 소리]

그 외 저서

「수염 없는 고양이」, 「초등 문해력을 부탁해」, 「날개 달린 고양이의 비밀」, 「고양이 납치범」, 「안녕, 메타버스」, 「하루 5분 동요의 힘」

조미형

수상

2006년 국제신문신춘 소설 등단 「다시 바다에 서다」

2018년 현진건문학상 추천작 선정 「각설탕」

제 29회 한국해양문학상 우수상 선정 「산호 정원사 시엘과 친구들」

그 외 저서

「해오리 바다의 비밀」, 「바다가 걱정돼」, 「모자이크 부산」, 「씽푸춘, 새벽 4시」, 「뽈피리」

최현진

수상

제44회 창주문학상 대상(동화) – 「신체검사는 무서워」

그 외 저서

「네 마음을 몰랐어」, 「꼬마 뱀의 왕따 탈출기」, 「고기를 먹으면 왜 지구가 아플까?」

동화를 쓰고 싶은 시간

초판 1쇄 발행 2025년 7월 31일

지은이	이마리, 양지영, 김현정, 조미형, 최현진
펴낸이	김선기
편집	고소영
디자인	조정이
펴낸곳	(주)푸른길
출판등록	1996년 4월 12일 제16-1292호
주소	(03877) 서울시 구로구 디지털로 33길 48 대륭포스트타워 7차 1008호
전화	02-523-2907, 6942-9570~2
팩스	02-523-2951
이메일	purungilbook@naver.com
홈페이지	www.purungil.com
ISBN	979-11-7267-054-2 03810

* 이 책은 (주)푸른길과 저작권자와의 계약에 따라 보호받는 저작물이므로 본사의 서면 허락 없이는 어떠한 형태나 수단으로도 이 책의 내용을 이용하지 못합니다.